AF549944

edition ♦ karo, Berlin 2022 – Biografie, Zeitzeugen

Kirsten Liese

Celibidache

Der Maestro im Spiegel von Zeitzeugen

Literaturverlag Josefine Rosalski 2022

Für
Christian Thielemann

Inhalt

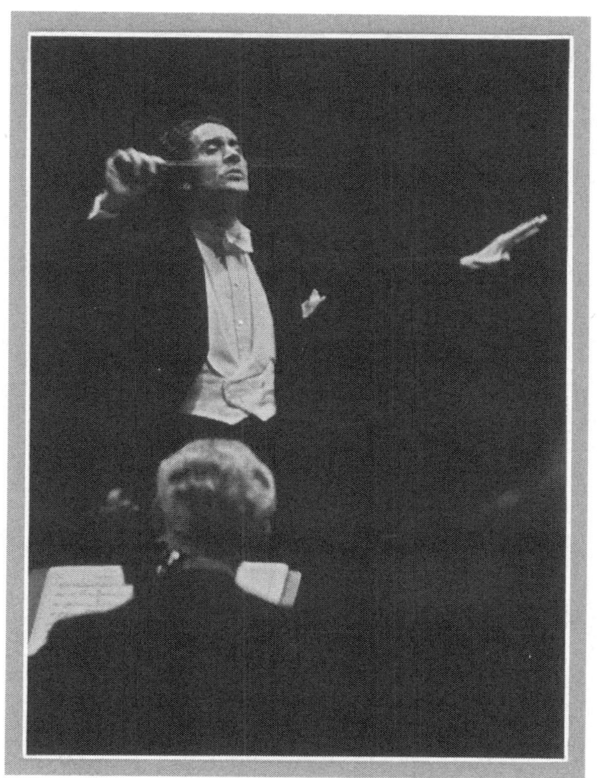

Der junge Sergiu Celibidache, ca. 1950

Einleitung

Dem Dirigenten und Komponisten Sergiu Celibidache haben sich zu seinen Lebzeiten zahlreiche Autoren gewidmet, seinem Musikverständnis, seinen genialen Wiedergaben und den Ambivalenzen seiner Persönlichkeit. Manch einer wird sich deshalb fragen, ob es noch etwas hinzuzufügen gäbe.

Die meisten Publikationen erschienen vor mehr als zwanzig Jahren und richteten sich freilich an all die Konzertgänger, die den Giganten noch erlebten. Mittlerweile hat sich das Musikleben entscheidend verändert. Größen von einst geraten mehr und mehr in Vergessenheit.

Der Cellist Wolfgang Boettcher, mit dem ich 2017 ein Interview über Celibidache führte, berichtete mir dazu von einem erschütternden Erlebnis: Der Student einer von ihm geleiteten Meisterklasse, dem er beim Gestalten einer Melodie den Gesang Dietrich Fischer-Dieskaus in Erinnerung rief, schaute ihn ratlos mit großen Augen an, der Name des Jahrhundertsängers war ihm nicht geläufig. Celi, wie ihn seine Freunde liebevoll nannten, der übrigens 1954 einmal mit Dieskau für das Brahms-Requiem zusammenkam, teilt vermutlich ein ähnliches Schicksal. Zudem mögen Jüngere, denen sein Name noch ein Begriff ist, ihn einem autoritären Dirigententypus zuordnen, wie ihn Klaus Umbach in seinem Buch *Celibidache – Der andere Maestro* über weite Strecken zeichnet: als einen Despoten, Tyrannen und Egomanen und damit aus heutiger Sicht als ein Auslaufmodell.

Die idealen Dirigenten der Zukunft beschrieb beispielsweise der Journalist Gerhard Rohde 2007 in der *neuen musikzeitung* unter dem Titel »Aussterbende Magier, gestrenge Sachverwalter« so: Sie agieren mit den »Musikern als Primus inter pares, führen sich nicht als machtgierige Egozentriker auf, sondern wollen nur dem jeweiligen Werk die größtmögliche perfekte Realisierung zukommen lassen.«

Im Umgang mit Kollegen und Musikern mag Celibidache bisweilen Grenzen überschritten haben, ein Machtmissbrauch erscheint allerdings bei ihm nach den Erinnerungen der in diesem Buch versammelten Zeitzeugen sehr unwahrscheinlich. Dagegen strahlte Celibidache – so wie er kompromisslos für seine Überzeugungen eintrat – eine starke Persönlichkeit aus, wie sie sich heute nur noch selten finden lässt neben Heerscharen von Konformisten, politisch korrekten Mitläufern und Surfern des Zeitgeists, die bereitwillig tun, was der Karriere förderlich ist.

Zu den Ausnahmen unter den heutigen Dirigenten zählen für mich als Leuchttürme der italienische Maestro Riccardo Muti, über den Celi sagte, er sei »eine der größten Begabungen«[1], die er kennen würde, Christian Thielemann, von 2004 bis 2011 Celis würdiger Nachnachfolger bei den Münchner Philharmonikern und der beste Bruckner-Dirigent seiner Zeit, sowie Daniel Barenboim, den Celi unter seinen Solisten als Pianisten sehr schätzte.

Celibidache nahm für seine Unbeugsamkeit Zerwürfnisse, Karrierebrüche, nervenzehrende Auseinandersetzungen, Anfeindungen und nicht zuletzt Einsamkeit in Kauf. Er war frei und zollte »konsequenten Leuten großen Respekt, auch wenn sie mal etwas falsch gemacht haben«, wie er 1986 Hagen Mueller-Stahl in einem Interview sagte, »Hauptsache, sie bleiben dabei. Ich verstehe mich nicht mit Leuten, die mit dem Winde gehen.«[2]

Schon allein deshalb möchte ich dazu ermuntern, sich mit Celibidache posthum zu beschäftigen. Noch dazu, weil – wie Eberhard Finke, ehemaliger Erster Solocellist der Berliner Philharmoniker schon 2012 anmerkte –, die Wiedergaben in jüngerer Zeit immer schneller und lauter werden, als sei ein Wettbewerb darum ausgebrochen.

In einer 1982 im ZDF ausgestrahlten Sendung zur musikalischen Phänomenologie hat Celibidache – mit einem scharfzüngigen Seitenhieb auf Kritiker – die berüchtigte Langsamkeit seiner Wiedergaben plausibel begründet: »Je mehr Material ich zu verarbeiten habe, zum Aneignen, desto mehr Zeit brauche ich. Nun hören sie den armen Kritiker: ›Um Gottes willen so langsam!‹ Wozu ist das der Beweis? Dass er absolut musiktaub ist. Dass er bei dem Grobstofflichen und bei seiner primitiven, einfallslosen Vorstellung geblieben ist.«

In seiner alten Mühle in Neuville-sur-Essonne bei Paris hat Celibidache sein umfangreiches Wissen an Scharen junger Dirigierschüler weitergegeben. Dass nicht einer darunter sein großes Erbe antreten konnte, stimmte ihn selbst sehr unzufrieden, wie er in einem Interview sagte: »Ich habe 6000 Schüler gehabt in diesem kurzen Leben und nicht einen, der die Geduld, die Bescheidenheit und den Fanatismus hatte, wirklich zu durchschauen, was das alles ist. Also, es ist eine Bilanz, die ziemlich negativ ausfällt.«[3]

Es mag absurd erscheinen, ausgerechnet einen Künstler als einen Lehrmeister anempfehlen zu wollen, dessen musikalisches Wirken nur noch in Mitschnitten fortlebt, wiewohl er Tonaufnahmen ablehnte. An der Stelle kommt meine eigene Biografie ins Spiel.

Zu seinen Lebzeiten hatte ich mich nicht mit Celibidache beschäftigt, erst geraume Zeit nach seinem Tod wurde mir seine Genialität bewusst. Nur ein einziges Gast-Konzert mit den Münchner Philharmonikern unter ihm in Berlin hatte ich irgendwann in den 1980er Jahren live erlebt, aber da war ich weit entfernt davon, seine Meisterschaft ermessen zu können, noch nicht einmal das Programm ist mir in Erinnerung geblieben. Vor allem aber werde ich es mir wohl nie verzeihen, dass ich mich für Celibidache in den frühen 1990er Jahren, als er in München wirkte, wohin mich damals meine journalistischen Anfänge beim Bayerischen Rundfunk führten, nicht interessierte. Die einmaligen Gelegenheiten, seine Konzerte und öffentlichen Proben zu besuchen, ließ ich verstreichen. Sogar das historische »Versöhnungskonzert« mit den Berliner Philharmonikern 1992 in meiner Heimatstadt entging mir. Was würde ich heute dafür geben, die Zeit noch einmal zurückdrehen zu können!

Erst als ich Anfang 2000 den Dokumentarfilm *Die Gärten des Sergiu Celibidache* im Kino sah, ist mir mein großes Versäumnis bewusst geworden. Dass ich mit einem Mal allein aufgrund von Ton- und Bildzeugnissen seine Meisterschaft ermessen konnte, muss verblüffen, zeigt aber auch, wie man unweigerlich in Widersprüche gerät, wenn man sich mit dem Ausnahmekünstler beschäftigt. Wiewohl jede Tonaufnahme nur einen schwachen Abglanz eines Konzerts darstellt, vermitteln sich Celis Erleben der Musik, seine hohe Kunst des Transzendierens, behelfsweise doch immerhin so stark in den Mitschnitten, dass sich mein gesamtes Musikverständnis fundamental veränderte.

»Man will nichts, man lässt es entstehen«, sagt Celibidache, er begibt sich auf eine Reise. Und nur, wenn er selbst von der Musik berührt sei, könne er andere berühren.

Als musikalischer Leiter mehrerer Rundfunkorchester wurde Celibidache mit Widersprüchen konfrontiert. Wie konnte er, der doch Schallplatten als »tönerne Pfannkuchen« bezeichnete, damit leben, dass die meisten seiner Konzerte aufgezeichnet wurden?

Dem Berliner Musikredakteur Klaus Lang gab er dazu folgende Auskunft: »Dass der Rundfunk sich einschaltet, da kann ich doch nicht nein sagen. Sonst müsste ich doch sterben oder einen anderen Beruf ergreifen.« Und auf die Frage, ob er gerne »nein« sagen würde, antwortete er: »Aber selbstverständlich, wenn ich Geld hätte und das Orchester bezahlen könnte. [...] Natürlich würde es ohne Rundfunk gehen. Aber man kann heutzutage nur beim Rundfunk arbeiten, denn da sind die reichsten Gesellschaften, die können die Proben geben.«[4]

Nachdem ich Celibidache für mich entdeckt hatte, wollte ich jedenfalls alles über ihn erfahren. Eine ganze Woche lang verbrachte ich in den Archiven der Münchner Celibidache-Stiftung, um mir sämtliche Dokumentationen über ihn anzuschauen, zudem ergriff ich jede Gelegenheit, Weggefährten nach ihm zu befragen. Eine Reihe von Musikern und ein Neffe des Dirigenten mit fast demselben Namen Sergiu Celebidachi,[5] den ich auf einer meiner vielen Reisen in Bukarest besuchte, zählten dazu. Auch die 2020 verstorbene Geigerin Ida Haendel, eine von Celibidaches bevorzugten Solisten, konnte ich in Berlin 2007 noch bei einem Konzert erleben und persönlich kennenlernen. Der Fokus in unserem Interview lag weiland auf ihrer eigenen Laufbahn, aber immerhin kamen wir, wenn auch leider nur kurz, auf Celibidache zu sprechen. Ihre Zusammenarbeit mit dem Maestro beschrieb die Grande Dame als »perfekt«, aber dass Klaus Umbach in seinem Buch suggerierte, Celibidache habe sich in seinen späten Münchner Jahren abschätzig von ihr abgewandt, grämte sie sehr. Serge Celebidachi habe ihr dazu gesagt, der Autor habe sich über seinen Vater etwas zusammen fantasiert, aber gerne hätte sie den langjährigen Freund noch selbst befragt. Hierzu kam es nicht mehr.

Außergewöhnlich war meine Begegnung mit der taiwanesischen Musikerin Han-An Liu. Sie kam zustande, als die Arbeit am Buch schon weit fortgeschritten war. Die Zeit für eine Reise zu ihr nach Köln konnte ich nicht aufbringen. Weil ihr aber der persönliche Kontakt sehr wichtig war, kam sie spontan zu mir nach Berlin. Es war das erste und einzige Mal, dass eine Künstlerin sich eigens für ein Interview auf eine Reise zu mir gemacht hat. Auch die zahlreichen Gespräche, die danach noch folgten, und ihre persönliche Anteilnahme beflügelten meine Arbeit mit großer Dankbarkeit.

Über Celibidaches Zeit in Schweden und insbesondere darüber, woran seine Zusammenarbeit mit dem Rundfunksinfonieorchester in Stockholm zerbrach, wurde bislang nur wenig bekannt. Mit dem Geiger Arve Tellefsen und dem Hornisten Sven-Åke Landström konnte ich zwei Zeitzeugen aufspüren, die zu diesem Zeitabschnitt wesentliche Details beisteuern. Tellefsens Erinnerungen berühren in erschütternder Weise das Phänomen von Self-Fulfilling Prophecy. Konnte der Maestro, wie der Cellist Wolfgang Boettcher es formulierte, bis zu seinen gloriosen späten Münchner Zeiten keine Harmonie aushalten?

Seitens der Komponisten wird Celibidache vor allem mit Anton Bruckner stark identifiziert. Seine Musik transzendiert der Einzelkämpfer Celi derart überwältigend, dass man meinen könnte, er stünde mit dem Komponisten im unmittelbaren energetischen Austausch.

Freilich werfen die von mir versammelten Erinnerungen von Zeitzeugen nur Schlaglichter auf den Solitär. Die Dramaturgie dieser elliptischen Reise folgt dabei Celibidaches Grundsatz, dass sich das Ende im Anfang erleben lässt. Sie beginnt in Berlin, wo sein kometenhafter Aufstieg begann und endet dort nach Jahren der Wanderschaft mit einem historischen »Versöhnungskonzert«.

Anmerkungen:

1 Zitiert nach *Stenographische Umarmung. Sergiu Celibidache beim Wort genommen.* Herausgegeben von Stefan Piendl und Thomas Otto. Regensburg 2002, S. 43.

2 Zitiert nach Klaus Lang: *Celibidache und Furtwängler. Der große philharmonische Konflikt in der Berliner Nachkriegszeit.* Augsburg 2010. S. 272.

3 Ebda. S. 379.

4 Klaus Lang: *Celibidache und Furtwängler*. S. 373.

5 Sergiu Celibidaches Geburtsname lautete ursprünglich Celebidachi. Jedoch hatten die deutschen Behörden irrtümlich zwei Buchstaben verwechselt, was dazu führte, dass der Dirigent den »falschen« Namen sein Leben lang beibehielt.

Die frühen Jahre
Berliner Philharmoniker (1945-1954)

Von August 1945 bis November 1954 leitet Sergiu Celibidache als Wilhelm Furtwänglers »Statthalter« die Berliner Philharmoniker. Die Zusammenarbeit beginnt in einem tragischen Moment der Orchestergeschichte: Das angestammte Haus, der Konzertsaal in der Bernburger Straße, liegt zerbombt in Schutt und Asche, zudem darf Chefdirigent Furtwängler nicht dirigieren, weil er auf sein Entnazifizierungsverfahren wartet. Zu allem Unglück ist der Dirigent Leo Borchard, der das Orchester zwischenzeitlich übernommen hat, versehentlich von einem amerikanischen Wachposten erschossen worden. Das verwaiste Orchester sucht händeringend nach einem Leiter, der die bereits geplanten Konzerte übernehmen kann. Von den großen Dirigenten steht keiner zur Verfügung und so erhält Celibidache, der gerade den Dirigentenwettbewerb des Rundfunkorchesters gewonnen hat, seine große Chance.

Wie aus dem Nichts tritt der große Bewunderer Furtwänglers an die Spitze des Orchesters. Außer seinem klangvollen Namen kennt zu diesem Zeitpunkt kaum jemand den 33-jährigen, am 11. Juli 1912[1] in Roman geborenen Rumänen, der nach schwerwiegenden Differenzen mit seinem Vater 1936 für sein Musikstudium nach Berlin gekommen war. Der von ihm sehr verehrte Heinz Tiessen (Komposition) und Walter Gmeindl (Dirigieren) waren seine Lehrer an der Berliner Musikhochschule, zudem hatte Celibidache, zu einer musikwissenschaftlichen Dissertation über den Komponisten Josquin Desprez angesetzt[2] und in weiteren Fächern Mathematik und Philosophie studiert. Der berühmte Soziologe Werner Sombart und seine rumänische Frau Corinna hatten ihn zu dieser Zeit in ihrer Villa aufgenommen.

Am 29. August 1945, sechs Tage nach Borchards tragischem Tod, dirigiert Celibidache zum ersten Mal die Berliner Philharmoniker im Park des Hauses am Waldsee in der Argentinischen Allee. Auf dem Programm stehen die Ouvertüre zu Rossinis Oper *Der Barbier von Sevilla*, das Fagott-Konzert von Carl Maria von Weber und Dvořáks Sinfonie *Aus der Neuen Welt*. Noch besitzt Celibidache wenig Erfahrung, aber Talent, Ehrgeiz und Charisma. Ein begeistertes Publikum erlebt den Auftakt zu einer einzigartigen Karriere.

Der kometenhafte Aufstieg beginnt im Titania-Palast, einem ehemaligen Kino. Celibidache pflegt das klassisch-romantische Kernrepertoire des Orchesters, triumphiert aber auch mit Werken von Debussy, Ravel, Prokofjew und zeitgenössischen Werken. Die Konzertsaison 1946/47 beschert Celibidache in den Erinnerungen des Chronisten Klaus Weiler schier eine »ununterbrochene Kette glänzender und turbulenter Erfolge«[3] mit Werken von Beethoven, Bruckner, Prokofjew, Schostakowitsch, Enescu und Milhaud.

Die Begeisterungsstürme, die der junge Dirigent entfesselt, dem noch dazu als attraktivem Mann die Herzen der Frauen zufliegen, spiegeln sich in zahlreichen Rezensionen und Berichten der Presse wider.

So schwärmt der Geiger Yehudi Menuhin, der 1947 als erster jüdischer Musiker seit dem Holocaust für Konzerte mit den Berliner Philharmonikern unter Furtwängler nach Deutschland gekommen war, über den Senkrechtstarter, als er 1949 das Violinkonzert von Brahms unter Celibidaches Leitung spielt. Er habe noch »nie eine so wunderbare Begleitung« gehabt, zitiert die *Berliner Zeitung* den Weltstar in der Ausgabe vom 23. September 1949.

Im selben Jahr begeistert sich der Kritiker Kurt Westphal in der *Welt* über Celibidaches »stürmisches Temperament« in Beethovens Siebter: »Er geht in dieser Symphonie ganz auf den großen Zug, auf den durchtreibenden Schwung los und peitscht, nicht nur im letzten, sondern auch schon im ersten Satz das Orchester mächtig an. [...] Dass es manchmal hart auf hart geht, ist unausbleiblich. Wenn Celibidache sich entspannt, dann blüht ein Gebilde wie das Trio des Scherzos mit schönster Zartheit.«

Der Kritiker Werner Oehlmann vom *Tagesspiegel* spricht im Oktober 1951 von Prokofjews *Symphonie Classique* als einem »bewährten Glanzstück« und resümiert, Berlin habe »einen Künstler gebildet, der in rascher Entwicklung zu internationaler Bedeutung gewachsen ist; es wäre zu wünschen, dass es ihn auch fernerhin zu halten vermöchte.« Schließlich sei Celibidache »nach Furtwängler der einzige, der dem noch immer herrlichen Philharmonischen Orchester alles abverlangt, was es an Farbe, Nuancierung, an melodischer Kultur und rhythmischer Finesse geben kann; er ist unter allen, die in jüngster Zeit an diesem Platze standen, der einzige, der den internationalen Rang des Orchesters für die Zukunft garantiert.«

Und nach einem Konzert im Jahr 1953 mit Mendelssohns Sinfonie op. 90, der *Italienischen*, Schumanns Cellokonzert und Ravels *Bolero* spricht endlich auch der renommierte Kritiker Hans Heinz Stuckenschmidt in der *Neuen Zeit* vom 11. November von einer »Glanzleistung« Celibidaches, dessen »Gestik alle Übertreibungen von einst vermeidet und mit histrionischer Schönheit den Inhalt einer musikalischen Phrase, einer Steigerung, eines Auftritts hinsetzt.«

Nach Furtwänglers Rückkehr kommt es zu Kompetenzstreitigkeiten, die Klaus Lang in seiner Edition des Briefwechsels[4] ausführlich analysiert. Das Gerangel betrifft Celibidaches Rolle als dem Gesamtverantwortlichen für die Engagements von Solisten und Gastdirigenten angesichts eines fehlenden Intendanten. Aus unterschiedlichsten Gründen kehrt die Weltelite nicht so zahlreich nach Berlin zurück wie vom Orchester ersehnt: zerbombte Konzertsäle und erschwerte Reisebedingungen geben dafür den Ausschlag, einige Dirigenten sind von den Alliierten gesperrt. Das Orchester hat offenbar in Celibidaches alleinige Koordination kein Vertrauen und wendet sich an Furtwängler. Der aber fühlt sich genervt, verkündet nur seine eigenen Wünsche und hat wohl schon den Durchblick verloren, als ihn ein postalischer Hilferuf Celibidaches erreicht, der von ihm die Treue erwartet, die er ihm selbst entgegenbringt. In diesem Brief vom 8. Januar 1948 nimmt der Absender auf einen schwierigen Zwischenfall im Kontext mit dem Engagement eines Dirigenten Bezug, dessen politische »Kontrolle« noch nicht erfolgt war: »Als die ›American Intelligence Branch‹ mich anrief und fragte, ob ich von der Parteizugehörigkeit des Herrn L. wusste, bevor er eingeladen wurde, habe ich in peinlichster Form sagen müssen, dass ich weder von seiner PG-Zugehörigkeit noch von seiner Einladung etwas wusste. Ich bin leider ein Lizenzträger der amerikanischen Regierung und wenn nichts weiter, so doch mitverantwortliche Person für die politische Kontrolle«, erläutert Celibidache. In einer Aussprache mit dem verantwortlichen Herrn Peppermüller, einem philharmonischen Vertrauensmann, schreibt er enttäuscht weiter, habe er erfahren, dass er auf Furtwänglers Wunsch bei der Bestimmung der Dirigenten nichts zu sagen habe: »Lieber Herr Doktor, Ihr Misstrauen in dieser Form habe ich nicht verdient. Es wird auch nicht mehr dazu kommen, dass Sie Ihren Verdacht loswerden. Es ist für mich besonders schlimm, dass ich Ihnen durch das Verlassen dieses Landes in nächster Zukunft nichts mehr beweisen kann.«[5]

Zusehends zieht es den »Statthalter« Celibidache ins Ausland, dies sehr zum Missfallen des Orchesters und der Berliner Presse.

So meint der *Abend* nach Eröffnung der Konzertsaison 1950/51: »Celibidache war während des Sommers in Südamerika. Er wird das in den wärmeren Zonen erhitzte Temperament wieder mäßigen müssen, selbst wenn ihm die Philharmoniker bei allen seinen Übersteigerungen der Tempi und der Dynamik mit Bravour zu folgen vermögen.« In Mexiko dagegen feiern ihn die Zeitungen als »Genius des Taktstocks« und messen seine Leistungen an denen Furtwänglers und Toscaninis.[6]

Überzeugend legt Klaus Weiler dar, dass Celibidache indes keineswegs nur deswegen verstärkt im Ausland dirigiert, weil die zunehmenden Differenzen mit den Philharmonikern ihn dazu verleiten oder er »andere Länder, Menschen und Ausdrucksweisen des Musikerlebens kennenlernen« will, sondern entscheidend auch, weil er auf diese Weise den Weg für Furtwängler zur endgültigen Rückkehr ans Pult der Berliner Philharmoniker »frei machen« will.[7] Sein tatkräftiges Engagement für Furtwängler entspricht seiner aufrichtigen Verehrung für den Älteren, zu dem er sich bis ins hohe Alter bekennt.[8]

Eine andere Selbstauskunft findet sich in einem Interview mit Klaus Lang vom 29. November 1974. Da sagt Celibidache: »Ich habe gekämpft wie ein Wahnsinniger, dass Furtwängler entnazifiziert wurde. Das war mein Stolz gewesen, ihm zu sagen: ›Herr Doktor, hier dies ist Ihr Orchester.‹ Nie habe ich die Absicht gehabt, mit ihm zu konkurrieren, nie im Leben.«[9]

Dass der von Celibidaches künstlerischer Potenz überzeugte Furtwängler wiederum den verloren gegangenen »Sohn« gerne mit dem Orchester ausgesöhnt hätte, um ihn zu seinem geeigneten Nachfolger zu küren, erscheint ebenfalls plausibel. Klaus Lang führt dazu einen Brief von Furtwängler an Celibidache an, der leider verschollen ist, dessen Aussage sich in der Antwort des Empfängers aber widerspiegelt.[10] Zudem hat Furtwänglers Witwe Elisabeth, die ich 2011 danach persönlich befragen konnte, das bestätigt: Ihr Mann wünschte sich ausdrücklich bis zu seinem Tod Celibidache zum Nachfolger.

Aber vermutlich hätte es eines persönlichen Treffens von Angesicht zu Angesicht bedurft, um Missverständnisse aus dem Weg zu räumen. Dazu aber findet sich in der krisenhaften Situation der beiden viel beschäftigten Dirigenten keine Zeit.

Anmerkungen:

1 Nach dem Julianischen Kalender am 28. Juni 1912.

2 Wie Klaus Weiler berichtet, ist es zur Promotion in den Wirren der Kriegsjahre aber nicht mehr gekommen. Klaus Weiler: *Celibidache – Musiker und Philosoph.* Augsburg 2008. S. 11.

3 Klaus Weiler: *Celibidache – Musiker und Philosoph.* S. 47.

4 Klaus Lang: *Celibidache und Furtwängler.* S.133ff.

5 Ebda, S. 138ff.

6 Zitiert nach Klaus Lang. S. 236.

7 Klaus Weiler: *Celibidache-Musiker und Philosoph.* S. 50.

8 Beispielhafte Äußerungen dazu finden sich in dem Dokumentarfilm *Man will nichts, man lässt es entstehen* von Jan Schmidt-Garré (1992).

9 Klaus Lang: *Celibidache und Furtwängler.* S. 382f.

10 Ebda. S. 242.

Im November 1954, nach Furtwänglers Tod, wählen die Berliner Philharmoniker Herbert von Karajan zu ihrem Nachfolger. Für Celibidache bleibt nur eine Auszeichnung: das »Große Verdienstkreuz der Bundesrepublik Deutschland«. Nach seinen allerletzten Konzerten am 28. und 29. November wird es ihm vom damaligen Berliner Kultursenator Tiburtius für seine Verdienste um den Wiederaufbau des Philharmonischen Orchesters überreicht.

414 Mal hat Celibidache das Orchester dirigiert.

In Furtwänglers Fußstapfen

Interview mit Erich Hartmann

Der Kontrabassist war zum Zeitpunkt unseres Gesprächs im Jahr 2011 der letzte Zeitzeuge aus den Reihen der Berliner Philharmoniker, der in der gesamten Zeit von 1945 bis 1954 unter Celibidache spielte.

Kirsten Liese: Wie erlebten Sie damals die Übernahme des Orchesters durch Celibidache?
Erich Hartmann: Wir hatten mit ihm überwältigende Erfolge! Nicht nur im Ausland und Westdeutschland, auch hier in Berlin. Celibidache war ein Feuerkopf, ein gelockter Jüngling, und die Frauen waren von ihm begeistert. Binnen Kürze war er eine Berühmtheit geworden.

Kirsten Liese: Was war das Rezept für diesen Erfolg?
Erich Hartmann: Er verdankte sich seiner großen Begabung und seiner Art zu dirigieren. Celibidache hat mit dem ganzen Körper dirigiert. Besonders erfolgreich war ein Konzert mit Schostakowitschs *Leningrader* Symphonie im Admiralspalast. Unser Orchester unternahm im Juli 1945 die deutsche Erstaufführung dieses Werks, und das war nicht so einfach, wir kannten ja kaum Werke dieses Komponisten. Das ist eine unglaublich intensive Sinfonie, lang und modern. Das Publikum musste sich erst an diese Art Musik gewöhnen.

Kirsten Liese: Sagen Sie doch bitte noch konkreter, womit sich Celibidache als Dirigent auszeichnete.
Erich Hartmann: Von jung an und Zeit seines Lebens hat Celibidache gelernt. Er hat soviel gelernt, dass er alle Partituren auswendig konnte, er brauchte gar keine Partitur, noch nicht einmal zur Probenarbeit. Er kannte jedes Werk sehr genau. Eine Persönlichkeit, die so etwas kann, wird selten geboren. Und er hat – nachdem Karajan unser Chefdirigent geworden ist – auch

seinen Weg weiter gemacht. Er war in Turin, in Stockholm und dann in München bis zu seinem Tod. Dass in Berlin noch keine Straße nach ihm benannt wurde, kann man vielleicht noch verstehen. Bis heute wurde in Berlin noch nicht einmal nach Furtwängler ein Platz oder eine Straße benannt.

Kirsten Liese: In welcher Beziehung standen Furtwängler und Celibidache? Der Briefwechsel zwischen den Beiden offenbart eine starke Seelenverwandtschaft ...
Erich Hartmann: Das war ein gegenseitiges Geben und Nehmen, Celibidache hatte natürlich von Furtwängler gelernt, und Furtwängler schätzte Celibidache sehr. Er hatte die Konzerte teilweise miterlebt, wusste um die Erfolge und konnte ihn sich als Nachfolger gut vorstellen. Die beiden standen in gutem Einvernehmen. Wir haben mit beiden Dirigenten auch eine Tournee unternommen. Erst hat Furtwängler vier Konzerte dirigiert, und die übrigen Celibidache. Das war die einzige Reise mit zwei Dirigenten.

Kirsten Liese: Das geschah nach Furtwänglers Entnazifizierung.
Erich Hartmann: Als Furtwängler zu uns zurückkehrte, hatten wir praktisch zwei Dirigenten. Das ging auf Dauer nicht. Furtwängler war unser Chef und Celibidache war eingesetzt als Lizenzträger. Einmal musste die Lösung kommen, und die kam dann sehr, sehr schnell mit Furtwänglers Tod. Sein Nachfolger hätte Celibidache sein können oder Herbert von Karajan. Darüber entschied das Orchester. Und das Orchester entschied sich für Karajan. Das war für Celibidache verständlicherweise ein schwarzer Tag.

Kirsten Liese: Warum entschied sich das Orchester nicht für Celibidache?
Erich Hartmann: Celibidache besaß einen guten und einen schlechten Charakter. Ein sehr guter Zug von ihm war seine große Menschlichkeit. Nach Kriegsende hat er kranken Kolle-

gen geholfen, Weihnachtsfeiern für Kinder organisiert und war der liebenswürdigste Mensch, den man sich vorstellen kann. Geprobt hat er – ich sag' es mal ganz ehrlich – ziemlich nervtötend. Er hat taktweise geprobt, mehrfach wiederholt bis es gesessen hat, infolgedessen kam es zu Ärgernissen zwischen Orchester und Dirigent.

Kirsten Liese: Welche Rolle spielte Furtwängler bei der Nachfolgediskussion. Kam es zwischen ihm und dem jungen Kollegen auf den gemeinsamen Konzertreisen zu Spannungen?
Erich Hartmann: Furtwängler hatte keinen Grund, Celibidache den Erfolg zu missgönnen, er selbst hatte in seinem Leben die allergrößten Erfolge erzielt. Also er hatte es gar nicht nötig, auf irgendeinen jüngeren Dirigenten neidisch zu sein. Aber trotzdem ist es oft so unter Dirigenten: Was der andere macht, möchte man selbst auch können.

Kirsten Liese: Wann genau und weshalb kam es zwischen den beiden zu Missstimmungen?
Erich Hartmann: Nachdem Furtwängler wieder als Chefdirigent ans Pult der Philharmoniker zurückkehrte, war das Einvernehmen nicht mehr so friedlich und so harmonisch, wie wir es gewöhnt waren in den vorhergehenden Jahren. Also Celibidache hat geahnt, das wird hier nicht meines Bleibens sein in Berlin.

Trotzdem hätte man natürlich auch Celibidache öfter als Gastdirigent eingeladen. Aber leider war es dann aus. Celibidache hat sich nach Karajans Wahl für unser Orchester nicht mehr interessiert.

Kirsten Liese: Was sprach aus Sicht der Berliner Philharmoniker für Karajan?
Erich Hartmann: Nun, Karajan hatte Welterfolge. Man kannte ihn in Berlin, er war Chefdirigent in Wien und London, dirigierte überdies viel in Mailand an der Scala. Drei große Positionen hatte er also. Und da hat sich das Orchester gesagt, wir fahren

wahrscheinlich besser mit Karajan, Celibidache wird uns nicht böse sein, der macht seinen Weg sowieso. Man hat nichts Ungutes über Celibidache gesagt, aber das Orchester hat sich für Karajan entschieden und das war bindend.

Kirsten Liese: Weshalb gab das Orchester Karajan gegenüber Celibidache den Vorzug?
Erich Hartmann: Die Zusammenarbeit zwischen dem Orchester und Celibidache war nicht immer ideal, die Probenarbeit eine ganz andere als die mit Furtwängler. Die Arbeit von Celibidache war manchmal so nervtötend, dass es Auswüchse gab, dass der Intendant kommen und das Orchester und den Dirigenten wieder zu einer Einheit zusammenbringen musste.

Kirsten Liese: Können Sie das an einem Beispiel konkretisieren?
Erich Hartmann: Unser Pauker warf einmal die Schlegel hin und verließ den Saal. Und dann erinnere ich mich an eine Situation im Berliner Rundfunksaal, wo der ukrainisch-amerikanische Pianist Shura Cherkassky eines der beiden Tschaikowsky Klavierkonzerte spielen sollte. Mit irgendetwas – ich bin mir nicht mehr sicher, ob es das Tempo betraf – war Celibidache bei den Proben auf einmal so unzufrieden, dass er mit der Faust auf den Flügel schlug. Das deprimierte Cherkassky sehr. Das Konzert kam dann nicht zustande, das hat später Leopold Ludwig übernommen. Entscheidend kam noch hinzu: Alle über 45-Jährigen wollte Celibidache entlassen, und gerade diese Leute sind der Humus für ein Orchester, wir brauchten sie.

Kirsten Liese: Wurde nicht der Versuch unternommen, mit Celibidache über diese Konflikte zu reden?
Erich Hartmann: Solche Versuche sind schwierig. Wenn heute ein Dirigent die Contenance verliert, wird er nie wieder engagiert. Wir als Orchester haben uns bemüht, alle Wünsche Celibidaches zu erfüllen, haben immer mit ihm zusammen gearbeitet, auch wenn er streng war. Es war gut so und wir konnten nichts

anderes machen als unseren Dienst. Wir haben alles getan, was er wünschte. Aber er war oft sehr, sehr unzufrieden.

Kirsten Liese: Auf dem Programm des letzten Konzerts, das die Berliner Philharmoniker unter Celibidache gaben, bevor Karajan die Leitung übernahm und er das Große Verdienstkreuz erhielt, stand *Ein deutsches Requiem* von Johannes Brahms. Das stand vermutlich unter keinem guten Stern ...
Erich Hartmann: Natürlich nicht, denn Karajan war als Chef-Dirigent gewählt worden und Celibidache hing in der Luft. Ich kann das verstehen, natürlich war die Stimmung gereizt in jeder Beziehung. Es ist trotzdem ein gutes Konzert geworden. Warum auch nicht? Es war Celibidaches Pflicht, mit uns zu arbeiten.

Kirsten Liese: Der damalige Intendant der Berliner Philharmoniker, Gerhard von Westermann, gab für die Entscheidung gegen Celibidache noch eine andere Begründung ab: Am 7. Dezember 1954 schrieb er an den damaligen Kultursenator, Celibidache könne nicht als deutscher Dirigent herausgestellt werden. Seine Möglichkeiten auf dem Gebiet der deutschen Klassik und Romantik seien eng begrenzt. [1]
Erich Hartmann: Diese Ausdrucksweise von Herrn von Westermann erachte ich als vollkommen falsch. Celibidaches Repertoire umfasste keineswegs nur deutsche Musik, sondern die französische ebenso wie die russische, also man kann nicht sagen, er passte nicht ins Orchester, weil er kein Deutscher war. Es betrübt mich, dass unser Intendant so etwas gesagt haben soll.

Kirsten Liese: War es vielleicht eine Ausrede, wollte er nicht die wahren Gründe nennen?
Erich Hartmann: Das könnte ich mir vorstellen. Aber ich weiß es nicht genau. Es hat nach dem Zerwürfnis beinahe 40 Jahre gedauert, bis Celibidache 1992 noch ein letztes Mal ans Pult der Berliner Philharmoniker zurückkehrte.

Kirsten Liese: Auf dem Programm dieses Konzerts stand Bruckners Siebte. Sie waren damals in der Generalprobe.
Erich Hartmann: Da war Celibidache abgeklärt, sehr langsam hat er die Sinfonie dirigiert. Er hat dann noch einige alte Kollegen in der Pause empfangen und kannte uns alle noch mit Namen. Er hat ein kolossales Gedächtnis gehabt. Da stand nichts mehr zwischen uns. Kein böses Wort ist mehr gefallen. Da habe ich ihn das letzte Mal überhaupt gesehen.

Kirsten Liese: Nun war er nicht mehr der Feuerkopf ...
Erich Hartmann: ... in der Tat, er ist wesentlich bedächtiger geworden. Die Probenarbeit 1992 muss eine ganz und gar andere gewesen sein als weiland nach Kriegsende. Jedenfalls hat er Bruckners Siebte wunderbar dirigiert – etwas langsam, aber das ist Ansichtssache. Mir hat die Generalprobe sehr gut gefallen.

Kirsten Liese: Gab es im Zuge dieser Wiederbegegnung einen Moment des Bedauerns, in all den Jahren nicht mehr mit Celibidache musiziert zu haben?
Erich Hartmann: Man kann eigentlich nur sagen, es ist schade, dass er in jungen Jahren nicht schon diese Ruhe und Gelassenheit ausgestrahlt hat, die er im Alter besaß! Er wirkte 1992 durchgeistigt, wusste wahrscheinlich, das ist meine letzte Zeit, die ich hier noch arbeite. Und vielleicht hat er es auch bedauert, dass nicht alles so gut gegangen ist mit uns.

Kirsten Liese: Wie steht es um das Bedauern auf Ihrer Seite?
Erich Hartmann: Wir haben immer gedacht, dass das eine sehr, sehr schöne Zeit mit ihm war. Vor allem die vielen erfolgreichen Reisen mit ihm hat das Orchester nicht vergessen.

Wenn er in den 1960er, 70er oder 80er Jahren noch einmal mit einem guten Programm gekommen wäre, zum Beispiel mit Werken von Mahler oder Bruckner, hätte sich das Orchester darüber sehr gefreut. Das Orchester war immer dafür offen. Bruckner hatten wir mit ihm nie gemacht merkwürdigerweise.

Wir haben mit ihm viel Tschaikowsky musiziert, später Schostakowitsch und die slawische Musik. Auch Sinfonien von Mendelssohn und Mahler haben wir unter ihm nicht gespielt, schade.

Kirsten Liese: Über Mahler äußerte sich Celibidache sehr abschätzig[2], seine Werke hat er nie dirigiert ...
Erich Hartmann: Schade. Ich könnte mir vorstellen, dass gerade eine Mahler-Sinfonie für Celibidache etwas besonders Interessantes hätte sein müssen.

Kirsten Liese: Es soll einen kleinen Zirkel von Musikern gegeben haben, die erreichen wollten, dass Celibidache bleibt. Das lässt sich in einem Buch über den damaligen philharmonischen Konflikt von Klaus Lang nachlesen.
Erich Hartmann: Mag sein. Und trotzdem hat das Schicksal nicht so mitgespielt, wie er es sich gewünscht hatte. Das ist für ihn bedauerlich. Er hat sich dann leider auch – wie uns berichtet wurde – dazu hinreißen lassen, im Ausland schlecht über uns zu sprechen. Er soll sogar behauptet haben, wir seien ein Nazi-Orchester gewesen. Das stimmt natürlich nicht. Das hat er aus purer Wut gesagt.

Kirsten Liese: Diese Kolportage steht im Widerspruch dazu, dass Celibidache im Gegensatz zu vielen Deutschen, die Furtwängler noch über seinen Tod hinaus schlecht nachredeten, stets verteidigte. Er hat ihn nie des Mitläufertums und schon gar nicht der Kollaboration mit den Nazis beschuldigt, sich vielmehr immer hinter ihn gestellt. Warum sollte er schlecht von dem Orchester gesprochen haben, dass Furtwängler als Chefdirigent geprägt und ihm anvertraut hatte? Das ergibt keinen Sinn.
Erich Hartmann: Natürlich hat sich Celibidache für Furtwängler eingesetzt. Er hat auch dabei geholfen, dass er schnell entnazifiziert wird. In dieser Beziehung waren bei Celibidache gute Seiten zu bemerken. Es passte nicht, dass er hinterher gesagt haben soll, dass wir ein Nazi-Orchester gewesen seien.

Zur Person:
Erich Hartmann wurde 1920 in Leipzig als Sohn eines Klavierbauers geboren. Er studierte an der dortigen Musikhochschule Kontrabass und widmete sich gleichzeitig dem Kompositionsstudium. Aufgrund von Kriegseinsätzen im Zweiten Weltkrieg wurde sein Studium unterbrochen. Nach einer Verletzung wurde er 1942 vom Militärdienst befreit, so dass er sein Musikstudium wieder aufnehmen konnte. Von 1943 bis 1985 war er Mitglied der Berliner Philharmoniker, 1967 gründete er ein Kontrabass-Quartett. Am 6. Juli 2020 starb Erich Hartmann im Alter von hundert Jahren.

Anmerkungen:

1 siehe Klaus Lang: *Celibidache und Furtwängler.* Der große philharmonische Konflikt in der Berliner Nachkriegszeit. Augsburg 2010. S. 348f.

2 Stefan Piendl und Thomas Otto zitieren den Dirigenten wie folgt zu seinen Ansichten über den Komponisten: »Ich habe nie Mahler dirigiert und werde es auch nicht tun. Mahler ist eine der peinlichsten Erscheinungen der Musikgeschichte«. Und: »Gustav Mahler ist ein Mann, der keinerlei Maß hat. Sicher war er ein großer Virtuose der Instrumentation und des Klanges. Na und, rechtfertigt das seine heutige Bedeutung oder das, was man daraus macht? Er war ein verwirrter Mensch, ein Bandwurm mit Füßen und Armen. Er besaß einen Drang nach Größe, die seinen persönlichen Möglichkeiten absolut nicht entsprach. Er ist einer, der immer schön anfängt und niemals aufhören kann. Ein Mann ohne Charakter, der immer gelogen hat, eine Bestie. Wer behauptet, den ersten Satz der fünften Sinfonie verstanden zu haben, der schwindelt, der ist ein Hochstapler. Mir kann der ganze Mahler gestohlen bleiben.«
In: *Stenographische Umarmung. Sergiu Celibidache beim Wort genommen.* Regensburg 2002. S. 67.

Ein drahtiger, junger Kerl

Interview mit Eberhard Finke

Eberhard, mit dem mich bis zu seinem Tod eine langjährige Freundschaft verband, lernte Celibidache 1950 als Orchester-Neuling am Pult des Ersten Solocellisten kennen. Unser Gespräch über ihn führten wir im Jahr 2011.

Kirsten Liese: Wie hast du Sergiu Celibidache als jungen Dirigenten erlebt?

Eberhard Finke: Als ich ins Berliner Philharmonische Orchester kam, lernte ich zuerst Furtwängler kennen, das war natürlich ein ganz großer Eindruck, Celibidache dann ein Jahr später. Ich war von vornherein fasziniert von ihm. Er war ungemein dynamisch, lebendig und eigentlich auch immer freundlich. Ich habe es nie anders erlebt und mich immer auf die Proben mit ihm gefreut.

Kirsten Liese: Wie hat er geprobt – dies gerade auch im Vergleich mit Furtwängler?

Eberhard Finke: Er war ein eigenwilliger Charakter, der in vieler Hinsicht ganz anders war als Furtwängler. Celibidache war ein junger, sehr drahtiger Kerl mit sportlichen, federnden Bewegungen. Furtwängler ist nicht sehr alt geworden nach heutigem Verständnis, nur 68 Jahre, aber er war schon damals, als ich ihm begegnete, ein bereits ziemlich verbrauchter Mann durch die Querelen mit den Nationalsozialisten. Auch seine Dirigierweise unterschied sich fundamental von der seines jüngeren Statthalters: Furtwängler schien wie aus Gummi, er dirigierte sehr locker, der ganze Körper geriet in Schwingung, was auch einen großen Einfluss auf das Orchesterspiel hatte. Man fühlte sich wie in einem großen Strom mitgerissen, das war bei Celi ein bisschen anders. Celi war ein Mann der Präzision, da kam alles sehr genau, und

natürlich konnte er einen schönen Klang aus dem Orchester herauskitzeln. Von der Lockerheit eines Dirigenten hängt alles ab, verkrampft er sich, ist das Orchester auch gleich verkrampft.
Kirsten Liese: Im Musikalischen gab es wohl aber große Berührungspunkte. Celibidache sprach noch lange nach seinem Tod in höchsten Tönen über Furtwängler und verteidigte dessen breite Tempi.
Eberhard Finke: Diese Neigung zu breiten Tempi hatte er selbst damals noch nicht, aber vielleicht wurde da der Grundstock für Celibidaches späteres musikalisches Interpretieren gelegt. Ich kann mich an die zweite Sinfonie von Johannes Brahms erinnern, da war das Tempo – ich will nicht sagen flott – aber doch ziemlich flüssig, so wie wir es damals alle empfunden haben. Seine berüchtigte Langsamkeit prägte Celibidache erst viel später aus. Ich habe sie nicht erlebt.

Ich erinnere mich an ein Konzert in seinen frühen Berliner Zeiten, das ich nicht mitspielte, aber mithörte, als er die *Eroica* dirigierte, Beethovens dritte Sinfonie. Sie hatte das Tempo, das wir auch immer gewohnt waren von Furtwängler, und das war ein sehr fließendes, normales Tempo. Wenn ich mir heute neue Aufnahmen von guten Orchestern anhöre, gefallen mir oft die Dirigenten nicht, da ist alles viel zu schnell! Da muss ich Celibidache recht geben: Es geht so viel verloren an Atem und an Tonschönheit. Da scheint ein Wettbewerb ausgebrochen zu sein, wer es am schnellsten kann, hat gewonnen. Das hat aber mit Musik nichts zu tun. Der *Eroica* voraus ging in dem damaligen Neujahrskonzert übrigens eine Haydn-Sinfonie. Sie ist mir ebenfalls unvergessen, die war so unglaublich spritzig!

Kirsten Liese: Deine begeisterten Erinnerungen zu dem von dir angesprochenen Neujahrskonzert korrespondieren mit Einschätzungen von Kritikern. So war für Werner Oehlmann im *Tagesspiegel* im Hinblick auf diese *Eroica* eine »endgültige, vollkommen ausgeglichene Gestalt des Werkes« erreicht. Du selbst hattest große Freude bei den Proben mit Celibidache, wie du sagst. Dein Kollege Erich Hartmann sagt dagegen, Celi sei bisweilen nervtötend gewesen.

Eberhard Finke: Das habe ich so nicht empfunden!

Kirsten Liese: Aber verströmte er denn als Feuerkopf, Charisma und Leidenschaft in den Proben?

Eberhard Finke: Oh ja, er war sehr leidenschaftlich – so wie abends im Konzert. Ich erinnere mich besonders an ein Konzert, das wir im Sportpalast gegeben haben. Das war ein Konzert zugunsten des Neubaus der Philharmonie mit einem allerdings ziemlich blöden Programm. Es begann mit dem zweiten Satz aus der *Eroica*, dann folgte der letzte Satz aus der Sinfonie *Aus der Neuen Welt* von Dvořák und darauf die *Tannhäuser*-Ouvertüre von Richard Wagner. Also ein Potpourri, wie man es wohl heute kaum noch anbieten würde. Jedenfalls hat Celi das geprobt, war bester Laune, und da wir nur den letzten Satz aus der *Neuen Welt* zu spielen hatten, machte er in einer Probe den Vorschlag, noch den ersten Satz zu spielen, einfach für uns. Da hat er sich so richtig frei dirigiert, mit allen gelacht und uns mit seiner Begeisterung mitgerissen. Das werde ich nie vergessen, diese Freude, die er an der Musik hatte. Das wurde später ganz anders, als er viel über Musik nachdachte und phänomenologisch erklärte. Ich finde, man sollte nicht so analytisch zum Orchester reden. Das muss man für sich behalten und einfach machen. Wenn man suggestiv veranlagt ist, wie er es war, wie es auch Furtwängler war, genügt das, dann überträgt sich das.

Kirsten Liese: Wann und durch welche Umstände kühlte die Beziehung ab, so dass Celibidache trotz all der von dir genannten herausragenden Qualitäten nicht Furtwänglers Nachfolger geworden ist?

Eberhard Finke: Mir kam nur ein Ereignis zu Ohren, das in der Beziehung sicherlich maßgeblich war: Bei den Proben zum Brahms-Requiem, Celibidaches letztes Konzert, das ich nicht mitgespielt habe, soll er sich beschwert haben, dass das Orchester angeblich so schlecht spiele. Er hatte schon acht

Proben für das nicht sehr schwere Stück gehabt, und in der Generalprobe kam er nicht dazu, das Stück einmal durchzuspielen. Er hat eigentlich immer nur geschimpft, wie schlecht das Orchester spielt, das war keine gute Voraussetzung, ihn als Nachfolger zu wählen.

Kirsten Liese: In der Saison 1947/48 bahnte sich mit Furtwänglers Rückkehr schon ein Konflikt an, wie Klaus Weiler in seiner Biografie ausführt: »Nach Furtwänglers Rehabilitierung war man froh und dankbar, ihn wiederzuhaben und außerdem auf Celibidache nicht verzichten zu müssen, vorerst wenigstens nicht, vielleicht sogar auf unabsehbare Zeit nicht, denn eines Tages würde er ja doch Nachfolger Furtwänglers werden. Diese Meinung war damals weit verbreitet im Publikum.«[1] Aber wie können zwei solche Giganten zur gleichen Zeit nebeneinander bei ein- und demselben Orchester bestehen? Wie konnte die Lösung aussehen, sie beide bei der Stange zu halten?
Eberhard Finke: Das ist mir auch ein Rätsel. Angesichts dieser beiden großen eigenwilligen Persönlichkeiten wäre das wohl längere Zeit nicht möglich gewesen. Man muss dazu sagen, Furtwängler war auch ein bisschen schwierig aufgrund einer gewissen Eitelkeit. Er hat zum Beispiel vor dem Orchester einmal gesagt: »Wenn ich weiter so schlechte Kritiken erhalte, muss ich mir überlegen, ob ich noch nach Berlin komme.« So hat er sich vor dem Orchester ausgeweint. Das hat mich verwundert. Ein Kritiker hat an ihm serienweise immer etwas auszusetzen gehabt. Das traf ihn so sehr, dass er darüber mit dem Orchester reden musste und seine zukünftige Tätigkeit in Berlin davon abhängig machen wollte. Das habe ich nicht verstanden. Aber da sieht man schon, wie schwierig das gewesen wäre mit Celibidache.

Kirsten Liese: Hältst du es für möglich, dass Furtwängler auf Celibidaches große Erfolge ein bisschen eifersüchtig war?
Eberhard Finke: Sicher, das ist oft so. Wenn der Schüler besser

wird als der Meister, kommt Eifersucht auf. Das ist gar keine Frage. Ich erinnere nur an die berühmte Geschichte, als Karajan – vor dem Krieg schon – in der Presse eine Riesengeschichte bekam unter dem Titel »Das Wunder Karajan«, seitdem war Feindschaft zwischen Furtwängler und Karajan. Furtwängler musste dem nachgehen und wissen, wer das geschrieben hat, derjenige sollte verfolgt werden. Später, als Furtwängler längst tot war, hat Karajan öffentlich gesagt, »wir müssen alle dankbar sein, dass wir einen Doktor wie den Furtwängler gehabt haben.« Es war eine Art Hassliebe. Karajan hat nebenbei gesagt auch sehr viel gelernt von Furtwängler. Er hat das offiziell nie zugegeben, aber er hat zugegeben, dass er ihn sehr bewundert hat. Die beiden haben stellenweise ihre Programme nachdirigiert, um sich dem Vergleich zu stellen. Das hat Celibidache nicht gemacht. Aber Furtwängler und Celibidache nebeneinander – das wäre dauerhaft nicht gut gegangen.

Kirsten Liese: Dabei waren Furtwängler und Celibidache, wie man ihrem Briefwechsel entnehmen kann, freundschaftlich miteinander verbunden.
Eberhard Finke: Sicher, aber immer mit der Vorstellung, dass in erster Linie er dran kam, Furtwängler, und Celibidache die Nummer Zwei war. Anders kann ich mir das bei Furtwängler nicht vorstellen so wie ich ihn gekannt habe.

Kirsten Liese: Was hat aber letztlich die Beziehung zwischen dem Orchester und Celibidache verfinstert? Es ist immer wieder zu hören, dass Celibidache zahlreiche Musiker entlassen wollte, dass er viele Musiker zu alt fand, dass es Spannungen gab zwischen den Orchestermusikern und ihm.
Eberhard Finke: Das habe ich ehrlich gesagt so nicht mitbekommen, ich war ja ein Neuling im Orchester und konnte die Zusammenhänge nicht allumfänglich erfassen. Aber: Ich habe Celibidache im engeren Freundeskreis erlebt, wie er gesagt hat, den und den will ich aus dem Orchester raus haben und

dass er ein Kammerorchester gründen wolle mit jungen Leuten seiner Wahl. Da hat sein Freund Hermann Bethmann ihm entgegnet: »Das wird nicht gehen, das kannst du nicht machen, man kann nicht die alten Leute aussperren, die spielen teilweise auch noch sehr gut und da kann man nicht nach Sympathie und Antipathie gehen, das ist unmöglich.« Das hat Celi dann wohl eingesehen und diesen Plan aufgegeben. Aber damit kam ein bisschen Unruhe auf.

Soviel ich weiß, hat sich das Orchester gefreut, als Furtwängler zurückkam, und mochte zur gleichen Zeit die andere Art von Celibidache. Das war eine Belebung, eine Erfrischung. Celi hat manchmal vielleicht menschlich Fehler gemacht. Bei Konzerten mit Solisten gab es hier und da Probleme. Ich erinnere mich zum Beispiel an ein Konzert mit Antonio Janigro, ein sehr guter Cellist, der später selbst Dirigent wurde. Er spielte das Schumann Cellokonzert unter Celibidache. Für das Orchester ist das nicht schwer, aber Celi hat bei der Probe nicht alles mitbekommen, was Janigro machte. Und da sagte er: »So jetzt spielen wir das Ganze noch mal.« Da kam ein Murren auf. Warum sollen wir das ganze Stück wiederholen, weil der Dirigent nicht zurecht kommt? Das hat Celi gemerkt, da hat er gesagt, wem das nicht gefällt, der kann aufstehen und nach Hause gehen. Natürlich ist niemand aufgestanden, niemand wollte das Konzert, das am selben Abend stattfinden sollte, gefährden, das hätte eine furchtbare Unruhe gegeben, das wäre undiszipliniert gewesen. Also es blieben alle sitzen, aber die Stimmung war getrübt. Das Begleiten von Solisten, die ihre eigene Form eines Musikstückes im Kopf hatten, war ein Problem bei Celi. Da reagierte er oft nicht ganz richtig oder nicht schnell genug.

Kirsten Liese: Wie schätzt du es ein: Hätte man die Probleme mit Celibidache durch Gespräche, Vermittlungen oder großen Willen überwinden können?
Eberhard Finke: Mit Geduld und Diplomatie wäre das vermutlich möglich gewesen. Aber nach dem Brahms-Requiem ging

nichts mehr. Celibidache hat sich dann auch schnell anders orientiert.

Kirsten Liese: Was waren deine Gefühle nach der Entscheidung: Freude zugunsten Karajans oder ein Bedauern, dass es mit Celibidache nicht geklappt hat?

Eberhard Finke: Freude mit Karajan konnte noch gar nicht entstehen, da man noch gar nicht wusste, wie das mit ihm werden würde. Ich muss gestehen, das erste Mal habe ich Karajan bei einem Gastspiel mit dem Philharmonia Orchestra London erlebt, und da hat er mich überhaupt nicht beeindruckt, das war eine furchtbar glatte Wiedergabe der ersten Sinfonie von Brahms. Mit einem sympathieerheischenden Lächeln kam er auf das Podium, da hat mir der Kerl nicht gefallen. Er hat mir erst gefallen, als ich ihn näher kennen lernte und eigentlich erst, nachdem er ein, zwei Jahre Chef bei uns war. Da fing er richtig an zu arbeiten. Dann wurde die Beziehung wirklich sehr gut, aber nicht von Anfang an. Und so war auch die Meinung geteilt im Orchester, aber nachdem Celibidache die Tür zugeschlagen hatte und Furtwängler tot war, gab es keine andere Wahl.

Kirsten Liese: Celibidache hat womöglich ja doch die Türen erst zugeschlagen, als die Würfel für Karajan schon gefallen waren. Gab es so etwas wie Bedauern? Du sagtest zu Beginn unseres Gesprächs, dass du solche Freude hattest, unter ihm zu musizieren?

Eberhard Finke: Natürlich war es ein Bedauern, ein menschliches Bedauern, dass die Reaktion so definitiv war. Das hat sehr vielen leid getan, einigen auch nicht, wie das so ist in einem Haufen unterschiedlicher Menschen. Da sind die Strömungen sehr unterschiedlich, auch die Beurteilungen. Wenn du eine Orchesterversammlung erleben könntest, würdest du staunen, was für Urteile sich da bilden und an was sie sich entzünden. Da habe ich oft nur den Kopf geschüttelt.

Kirsten Liese: Celibidache war stets so gut mit den Stücken vertraut, dass er alles auswendig dirigierte, das betraf auch die geistlichen Vokalwerke von Mozart, Brahms und Verdi oder

Bruckners f-moll Messe. Sogar die Chöre hat er persönlich vom Klavier aus einstudiert.

Vor diesem Hintergrund kann ich mir nicht vorstellen, dass Celibidache mit dem Brahms-Requiem nicht zurechtgekommen sein sollte. Das Konzert selbst wurde zudem in der Presse sehr positiv aufgenommen. Ein Kritiker[2] zeigte sich über den Klang zutiefst beeindruckt, der sich beträchtlich von aller herkömmlichen Gestaltungsweise unterschieden haben soll: »... ohne Vibrato, schlank, entrückt, jenseitig, dabei glänzend disponiert in der Anlage der Steigerungen«. Die *Berliner Morgenpost* bewunderte in der Ausgabe vom 27. November 1954, wie tief Celibidache in das Wesen solcher Werke einzudringen vermochte.

Insofern frage ich mich, ob Celibidache mit dem musikalischen Ergebnis selber nicht zufrieden war? Er hat gesagt: Eine Probe sei abhängig von den individuellen Leistungen der Musiker. Sei beispielsweise ein Bläsersolist hervorragend, dauere die Probe sehr lange, um am Farblichen viel zu feilen. Sei der Spieler in seinen Möglichkeiten begrenzt, wäre die Probe eher zu Ende, da es dann unmöglich sei, über ein bestimmtes Niveau hinauszugelangen. Kann es sein, dass er einfach besessen war von bestimmten Vorstellungen?

Eberhard Finke: Das glaube ich eigentlich nicht. Die Philharmoniker waren ein sehr flexibles Orchester. Sie haben alles gespielt, und auch viele moderne Stücke uraufgeführt. Es war eine rein menschliche Geschichte, Celibidache war verstimmt.

Kirsten Liese: Was sagst du zu den Äußerungen des damaligen Intendanten Westermanns, Celibidache könne nicht als deutscher Dirigent herausgestellt werden, seine Möglichkeiten auf dem Gebiet der großen deutschen Klassik und Romantik seien begrenzt?

Eberhard Finke: Das ist mir unbegreiflich, wie Westermann solche Sätze schreiben konnte. Celibidaches *Eroica* fand ich großartig! Das konnte ein Deutscher nicht besser dirigieren. Ich hätte mir sehr gewünscht, mit dem späten Celibidache eine große Sinfonie zu spielen. Leider war mir das nicht vergönnt. Das einzige Konzert, das er als alter Mann noch einmal am Pult meines Orchesters dirigierte, war 1992, als ich schon pensioniert war. Ich hatte keine Gelegenheit, da mitzuspielen, aber ich hätte das sehr gerne erlebt. Leider hatte es sich für mich auch nie ergeben, unter Celibidache ein Solo zu spielen.

Kirsten Liese: Immerhin gab es noch eine private sehr berührende Begegnung zwischen dir und Celibidache, als er viele Jahre später mit den Münchner Philharmonikern in Berlin gastierte.

Eberhard Finke: Da saß er im Künstlerzimmer auf einem Stuhl, viele Leute um ihn herum, und ich bin an ihn heran getreten. Ich wollte keine Gespräche stören, aber ich habe mich doch so hingestellt, dass er mich sehen musste. Dann habe ich ihn angesprochen: »Maestro.« – »Ich gebe keine Autogramme«, sagte er abweisend, er erkannte mich nicht. Es lagen ja auch einige Jahre dazwischen. Er sagte noch mal: »Ich gebe keine Autogramme.« Da sagte ich: »Herr Celibidache, ich will gar kein Autogramm, ich wollte Sie nur begrüßen. Mein Name ist Finke, ich war damals Solocellist zu Ihrer Zeit.« – »Ach ja«, da stand er spontan in der Pause seines Konzertes auf und begrüßte mich mit einer Herzlichkeit, die mich sehr berührt hat. Das hat mich sehr gefreut, und aus dem heraus hätte ich natürlich gerne noch einmal ein Konzert mit ihm gespielt oder auch zwei.

Zur Person:

Eberhard Finke wurde am 19. Mai 1920 in Bremen geboren. Er studierte an der Berliner Musikhochschule und am Salzburger Mozarteum bei Ludwig Hoelscher und Enrico Mainardi. Von 1946 bis 1949 wirkte er im *Orquestra Sinfônica Brasileira* in Rio de Janeiro. 1950 wurde er Erster Solocellist bei den Berliner Philharmonikern, denen er bis 1985 angehörte, und als solcher auch

Gründungsmitglied der *12 Cellisten* dieses Orchesters. Von 1965 bis 1997/98 verschrieb er sich zudem als Professor einer Lehrtätigkeit an der Berliner Hochschule der Künste, der heutigen Universität der Künste. Über 25 Jahre lang gab Finke Meisterklassen, überwiegend in Zürich. Am 29. Juli 2016 starb er im Alter von 96 Jahren.

Anmerkungen:

1 Siehe Klaus Weiler: *Celibidache-Musiker und Philosoph*. Eine Annäherung. Augsburg 2008. S. 48f.

2 Die Rezension erschien in *SOS Berlin* vom 23.12.1954.

Die mittleren Jahre
Radio Sinfonieorchester Stockholm (1962 bis 1971)

Nach seiner Zeit bei den Berliner Philharmonikern konzertiert Celibidache in Italien, Israel, England, sowie in Deutschland mit anderen Orchestern (Radio Sinfonieorchester Berlin, Rundfunkorchester des WDR, Berliner Staatskapelle) und in Skandinavien, ab 1973 dann auch in Frankreich mit dem Orchestre National de l'ORTF Paris. Es sind Jahre der Wanderschaft und Suche.

Für den hohen Norden hatte Celibidache eine ausgesprochene Vorliebe.[1] In seinen Jugendjahren wollte er protestantischer Pfarrer in Norwegen werden.

1960 führt sein Weg nach Dänemark, wo er zunächst mit der Königlichen Kapelle Kopenhagen konzertiert, mit der er 1961 auch eine erfolgreiche Deutschlandtournee unternimmt.

Zu einem Kontakt mit dem Schwedischen Rundfunkorchester kommt es in einer entscheidenden Phase innerhalb der Geschichte des 1936 gegründeten Orchesters: Mit sechzig Musikern hatte es zunächst zu wenige Mitglieder, um das gesamte Konzertrepertoire spielen zu können. Erst nach dem Zweiten Weltkrieg vergrößerte sich das Orchester über die Fusion mit einem kleineren Klangkörper für Unterhaltungsmusik auf 105 Mitglieder, womit es auch dem Philharmonischen Orchester Stockholm gegenüber konkurrenzfähiger wurde.

Es ist mithin eine noch relativ junge Gemeinschaft, mit der Celibidache 1962 zum ersten Mal konzertiert. Er erscheint als der Richtige, um sie vielversprechend weiterzuentwickeln. Celibidache verpflichtet sich jährlich für eine Serie von Konzerten in Stockholm und anderen schwedischen Städten. Zudem übernimmt er sämtliche Auslandstourneen, die im Vergleich zu seinem Wirken in Kopenhagen weiter gesteckte Ziele verfolgen.

Zu zwei besonderen Konzerten kommt es im November 1967 in Stockholm, als Jacqueline du Pré unter Celibidache das

Cellokonzert von Antonin Dvořák spielt, kurze Zeit nach ihrer Hochzeit mit dem Pianisten und Dirigenten Daniel Barenboim, der selbst in späteren Jahren als Pianist unter Celibidache auftritt. Wie sich Barenboim, der seine junge Frau nach Schweden begleitete, später erinnerte, verstanden sich Celi und du Pré auf Anhieb. Das Gespür für die schwermütige Sehnsucht in Dvořáks Musik und das leidenschaftliche Musizieren der Britin sind offenbar ganz nach seinem Herzen.

In die Zeit von Celibidaches Wirken in Schweden fällt 1968 auch die Geburt seines Sohnes Serge, er kommt in Paris zur Welt.

Celibidache unternimmt mit dem Orchester zudem zahlreiche Gastspielreisen, die ihn mehrfach nach Deutschland führen. Über eines der Konzerte schreibt der renommierte Kritiker Joachim Kaiser, der mit Celibidache in späteren Münchner Zeiten in eine offene Feindschaft treten sollte, in der *Süddeutschen Zeitung* vom 21. März 1969 eine bemerkenswerte Hymne: »Als Celibidache das Pult betrat, war eine Veränderung unübersehbar. Die Paganini-Schlankheit von einst hat sich gegeben. Aber das Feuer ist geblieben. Was ›Kunst-Ernst‹, das Phrasierungsniveau, die innere Spannung, Noblesse jeder Kantilene und nicht zuletzt die Wahrheit des Orchesterausdrucks betrifft, so verdient dieser Celibidache, neben die bedeutendsten Dirigenten unserer Zeit gestellt zu werden. [...] Der Eindruck, den er etwa im langsamen Satz der Schumann-Sinfonie, bei der Veredelung der *Römischen Karnevals-Ouvertüre* von Berlioz und einiger Mussorgskischer *Ausstellungs*-Bilder hervorrief, kam den bedeutendsten Interpretationserfahrungen gleich, die in den letzten Jahrzehnten zu machen waren.«[2]

Anmerkungen:

1 Siehe Klaus Weiler. *Celibidache – Musiker und Philosoph*. S. 96.

2 Zitiert nach Klaus Weiler. *Celibidache – Musiker und Philosoph*. S. 99.

Achterbahnfahrten

Sven-Åke Landström

Die Anfänge von Celibidaches neuer Ehe mit dem schwedischen Rundfunksinfonieorchester gestalten sich nicht ganz einfach. Sven-Åke Landström erlebt sie zunächst als Aufnahmeleiter in der Musikabteilung.

Ähnlich wie in Berlin möchte Celibidache den Klangkörper gerne verjüngen und einige Mitglieder – hier zwölf an der Zahl –, die seinen künstlerischen Ansprüchen nicht entsprechen und denen er die Fähigkeit zur Weiterentwicklung abspricht, entlassen. Das hätte unweigerlich zu einem Zerwürfnis geführt. Die Nervosität nicht nur unter den Betroffenen legt sich erst, als der Vorsitzende der Musikergewerkschaft gegenüber Celibidache klarstellt, dass es in Schweden nicht üblich sei, Konflikte auf diese Weise auszutragen. Im Zuge dieser Auseinandersetzung erscheint eine Chefposition des Rumänen beim Rundfunkorchester keine Option. Celibidache übernimmt die Leitung folglich als ständiger Gastdirigent und ohne einen Vertrag. Vermutlich ist dies die diplomatischste und für alle Beteiligten beste Lösung, meint der Insider Landström.

Die ersten Jahre lassen sich gut an. Das Orchester lernt Celibidache als einen trefflichen Orchestererzieher kennen und als einen Fürsorglichen, der sich über die musikalische Arbeit hinaus um das Wohl der Musikerinnen und Musiker kümmert, mit denen er Entspannungsübungen macht, speziell mit den Streichern, die oft mit ihrem rechten Arm Probleme haben. Und er überrascht Kollegen, die er persönlich sehr mag, mit Geschenken.

Vor allem gestaltet sich die Zusammenarbeit mit dem Komponisten Karl-Birger Blomdahl sehr konstruktiv, der 1964 in leitender Funktion zum Schwedischen Rundfunk kommt und nach Landströms Einschätzung einer »der besten Komponisten Schwedens« zu dieser Zeit ist sowie ein »Intellektueller mit einer starken Persönlichkeit«. Celi schätzt ihn als einen sehr guten Partner, mit dem er gerne und viel zusammenarbeitet. Doch schon nach wenigen Jahren stirbt Blomdahl 1968 im Alter von nur 51 Jahren. Die traurige Nachricht erreicht den Dirigenten bei den Proben für eine Tour nach Östersund. Celi geht sie so nahe, dass er die Proben an diesem Tag nicht weiter fortsetzt. Gleich am nächsten Morgen gibt er eine Programmänderung bekannt: In Gedenken an Blomdahl wird er dessen dritte Symphonie *Facetten* dirigieren. Er hat sie schon in der Nacht einstudiert und auswendig gelernt. Eine Gedenkminute nach dem Konzert zählt zu den weiteren Momenten großer Ergriffenheit in den Erinnerungen des Zeitzeugen.

Als Hornist kommt Sven-Åke Landström 1967 nach bestandenem Probespiel ins Orchester. Anders als die meisten Kollegen hatte er an keiner Musikhochschule studiert, sondern sein Instrument weitgehend als Autodidakt erlernt. Erste Erfahrungen als Orchestermusiker konnte er in Uppsala sammeln, aber das Schwedische Rundfunkorchester unter Celibidache stellt ihn freilich vor größere Herausforderungen.

Zu einer besonderen Feuertaufe kommt es 1968 in Helsinki. Wenige Minuten vor Beginn des Konzerts mit Strawinskys *Feuervogel* fehlt der Kollege des dritten Horns, innerhalb des Orchesters bekannt für höheren Alkohol-Konsum in Stress-Situationen. Kurzerhand wird Landström vom Maestro gebeten, den Part zu übernehmen. Er gibt den Retter in der Not, wenngleich er diesen Part noch nie zuvor gespielt hat. In Windeseile überfliegt er kurz vor Beginn die Noten, um zu schauen, ob ihm längere Pausen die Möglichkeit geben, sich während des Konzerts auf ein paar Stellen noch etwas vorzubereiten.

Der »Feuerwehr«-Einsatz geht gut über die Bühne. Am Ende überlässt Celi seinem Einspringer für einige Momente allein dem stürmischen Beifall. Noch heute kommen dem 80-Jährigen Tränen, wenn er sich daran erinnert: »Das war so emotional, damit hätte ich niemals gerechnet.«

Zu weiteren unvergessenen Ereignissen zählt eine Probe

mit Arturo Benedetti Michelangeli, den Celibidache unter allen Pianisten am meisten schätzt. Der berühmte Italiener kommt für Beethovens fünftes Klavierkonzert.

Die Vorbereitungen dazu erweisen sich als mühsam. Zunächst verlangt der Solist – unzufrieden darüber, nicht auf seinem eigenen Instrument spielen zu können, das nicht nach Schweden transportiert werden kann – sämtliche Konzertflügel des Rundfunks auszuprobieren. Immerhin erklärt er sich schlussendlich mit einem der zahlreichen Flügel einverstanden.

Als endlich die erste Probe mit dem Solisten beginnt, wirken Celibidaches Gesten »etwas steif«, mit der Balance zwischen Orchester und Solopart tut er sich schwer. »Seine ungeheure Ehrfurcht vor dem Tastenstar hat ihn in diesen Momenten fast so klein und hilflos erscheinen lassen wie ein Kind«, sagt Landström.

Das bleibt wohl auch Michelangeli nicht verborgen. Jedenfalls zeigt er sich mit dem Tempo für das erste Orchester-Tutti unzufrieden und macht vor, was für eines ihm vorschwebt, woraufhin sich Celibidache beim »Maestro« entschuldigt. Der Maestro in dieser Konstellation ist also – wie auch in späteren Episoden zu beobachten – Michelangeli!

1969 konzertiert das schwedische Rundfunkorchester mit Celibidache bei den Festwochen in Berlin. Bruckners *Vierte*, die zweite Ouvertüre zu Rossinis Oper *Die Diebische Elster*, Strawinskys *Feuervogel* und Ravels *Ma mère l'oye* stehen an zwei Abenden innerhalb dieser Deutschlandtournee auf dem Programm. Es lässt sich denken, dass Celibidache hinsichtlich dieser Auftritte in der von Hans Scharoun erbauten neuen Philharmonie großen Ehrgeiz an den Tag legt.

Das zeigt sich schon im Vorfeld, als er seinen erstklassigen ersten Hornisten Gunnar Wennberg, der mit Sarkoidose im Krankenhaus liegt, besucht, wild entschlossen, ihn auf die Reise mitzunehmen. Dem behandelnden Arzt behagt das gar nicht: »Ich bin der Doktor und rate davon ab.« Unbeeindruckt entgegnet Celibidache: »Ich bin selbst ein Doktor und weiß, dass es heilsam für ihn ist, wenn er mit uns kommt.«[1] Am Ende setzt sich der

Dirigent durch und der Patient meistert seine anspruchsvollen Einsätze unbeschadet. Nur bei den allerersten Horneinsätzen zu Beginn in Bruckners *Vierter* kommt Wennberg ein kleiner Kiekser unter, aber daran stört sich niemand.

Der Erfolg übertrifft jedenfalls alle Erwartungen, am ersten Berliner Abend währt der Beifall 45 (!) Minuten – und das in Anwesenheit Herbert von Karajans, den Landström aus den Augenwinkeln im Publikum ausmachen kann. Seinen Einschätzungen nach bewegt Karajan das Konzert sehr – eine große Genugtuung für Celibidache. Dass ein wenig renommiertes Rundfunkorchester unter Celibidaches Leitung wie ein Spitzenorchester spielt, gleicht einer Sensation. Die große Begeisterung spiegelt sich im *Tagesspiegel* wieder. Da schreibt Wolfgang Burde: »Nun war der berühmte und von so vielen verehrte Maestro in der Berliner Philharmonie wieder zu erleben. Und es war nicht nur zu spüren, sondern [...] auch zu hören, wie eine riesige, über Jahre hin aufgestaute Welle von Sympathie sich dieses Mannes bemächtigte. Der Jubel am Ende – immer wieder ertönten Kaskaden von Bravorufen – nahm den Charakter von Ovationen an. Celibidache und sein Orchester, das sich zunächst mit de Fallas *Dreispitz* für den großen Beifall bedankte, spendeten unermüdlich Zugabe um Zugabe.«

Nach dem Konzert kommen noch zahlreiche alte Mitglieder der Berliner Philharmoniker hinter die Bühne, um zu gratulieren. »Sie waren keineswegs nachtragend oder ärgerlich auf ihn, sondern voller Freude, ihn nach langer Zeit wiederzusehen«, erinnert sich Landström.

Anmerkungen:

1 Die Faktenlage zu Celibidaches musikwissenschaftlicher Dissertation ist bis heute ungeklärt. Klaus Lang schreibt dazu in seinem Buch *Celibidache und Furtwängler*: Dass seine »Ansätze tatsächlich zur Fertigstellung der Dissertation und zum Dr. phil. geführt haben, stand zwar früher in fast allen Lexika, ließ sich aber nicht beweisen. Weder an der Humboldt-Universität noch an der Freien Universität war ein Einblick in die Schrift möglich. Auch Hinweise in Dissertationsverzeichnissen fehlten an allen Orten.« S. 22.

Weitere bedeutsame Konzertreisen führen das schwedische Rundfunkorchester 1968 nach Wien und Bukarest. Seit er 1936 als Student nach Berlin gekommen war, ist dies seit mehr als dreißig Jahren das erste Mal, dass Celibidache in seine rumänische Heimat zurückkehrt.

Er erzählt dem Orchester bei der Gelegenheit, dass er damals in Berlin an verschiedenen Fakultäten lange studierte und sogar mehrere Doktorarbeiten in Angriff genommen habe, um dem Kriegsdienst im Zweiten Weltkrieg zu entgehen. Wäre er stattdessen in seine Heimat zurückgekehrt, hätte ihn das Militär in Rumänien sofort eingezogen.

Als der Maestro in Bukarest eintrifft, wird er schon am Flughafen von einer 75-köpfigen Delegation wie ein Nationalheld empfangen. Die ganze Stadt befindet sich in einem Fieber, als würde sie einem Staatsoberhaupt die Ehre erweisen. Celibidache hat viele Geschenke in seinem Gepäck. In der Ankunftshalle am Flughafen herrscht eine ganz besondere Atmosphäre, alles schart sich um ihn. In dem Hotel, in dem das Orchester residiert, bleibt Celibidache indes nur eine Nacht, es ist überwiegend schon belegt von seiner Familie und Freunden. Aber auch, um dem Trubel zu entgehen, zieht sich Celibidache in ein privates Quartier zurück. Seine Konzerte im Athenäum werden stark bejubelt.

Eine Tournee im November 1970 nach Deutschland und in die Niederlande sollte die letzte werden. Während der Konzertpause in Bremen ereignet sich ein Drama, das der norwegische Konzertmeister Arve Tellefsen hautnah miterlebt und in einem gesonderten Kapitel schildert.

Die Situation eskaliert, als Celi verkündet, dass er mit dem Orchester nicht weiter proben werde. Ein sehr wichtiges, ausverkauftes Konzert im Amsterdamer Concertgebouw steht aber noch an, und alle fragen sich, ob Celibidache es noch dirigieren wird. Die Leitung der Proben dazu übernimmt kurzfristig Tellefsen. Der Krimi bleibt spannend bis zum letzten Moment. Am Ende kommt aber Celibidache und wirkt nach Landströms

Worten »... wie ausgewechselt in dieser absurd kritischen Situation.«

Als es von Amsterdam weiter nach München geht, erreicht den Chef der Musikabteilung des schwedischen Rundfunks Markus Enghørnig die Nachricht, dass das Orchester die Proben unter Celibidache nicht mehr fortsetzen will. Der Meister verlangt drei Stunden Proben für das letzte Konzert, die das Orchester eigentlich ablehnt, aber unter Enhørnings Vermittlung einigt man sich schließlich darauf, über die Konsequenzen des von Celibidache provozierten Eklats nach der Rückkehr in Stockholm zu beratschlagen und diese letzte Verpflichtung noch gemeinsam durchzustehen.

Zwei Monate später beschließt das Orchester die Trennung. Allein ein letztes Konzert wolle man noch mit Celibidache gestalten, um Abschied zu nehmen und ihm für seine Verdienste zu danken. Mozarts Symphonie 36, Strauss' Tondichtung *Till Eulenspiegels lustige Streiche* und die fünfte Sinfonie von Jean Sibelius stehen auf dem Programm dieses letzten gemeinsamen Auftritts im März 1971. Unverhofft gerät insbesondere die Wiedergabe der Sibelius-Sinfonie für jeden einzelnen zu einem sehr bewegenden Erlebnis: Je näher das Ende rückt, desto stärker überwältigt die Musiker das Gefühl, nicht mehr spielen zu können. »In einer Atmosphäre voller Harmonie, als wäre nichts gewesen, fordert Celi das Orchester noch einmal maximal in seiner künstlerischen Potenz, besteigt mit ihm sinnbildlich einen Gipfel«, resümiert Landström. Viel Wehmut und Bedauern hängt in der Luft. Dem Chronisten kommen heute noch Tränen, wenn er sich daran erinnert. Seine Jahre mit Celibidache haben ihn stark geprägt und zählen für ihn bis heute zu den wichtigsten Erlebnissen in seinem langen, reichen Berufsleben.

Die Aufzeichnungen zu diesem Kapitel stammen aus den Jahren 2021/2022

Zur Person:

Sven-Åke Landström wurde 1941 in Kiruna geboren, nahm Unterricht bei Barry Tuckwell, erlernte sein Instrument aber weitgehend als Autodidakt und studierte Musikwissenschaft und Kunstgeschichte in Uppsala. Als Hornist wirkte er im schwedischen Rundfunkorchester von 1967 bis 1976. Danach arbeitete er für den schwedischen Rundfunk als Produzent und Leiter der Medienabteilung für internationale Beziehungen. Anlässlich des 75-jährigen Bestehens des Orchesters legte er 2011 ein Buch über dessen Geschichte vor.

Eine Tragödie

Interview mit Arve Tellefsen

Der international gefragte Geiger Arve Tellefsen machte sich als Solist einen Namen, nahm unter Sergiu Celibidache aber zeitweise auch den Platz des Konzertmeisters beim schwedischen Rundfunkorchester ein, dies insbesondere auf Tourneen. Das Interview führten wir im Frühjahr 2022.

Kirsten Liese: Auf der letzten Tournee, die das schwedische Radiosinfonieorchester 1968 mit Celibidache nach Deutschland und Amsterdam unternahm, kam es zu schwerwiegenden Verstimmungen, die zum Bruch zwischen Orchester und Dirigent führten. Was war da los?

Arve Tellefsen: Ich muss eine bedeutende Geschichte vorausschicken: Kurz vor der Tournee hatten wir zwei Vor-Konzerte in Skandinavien. Dem ersten in meiner norwegischen Heimatstadt Trondheim sah ich mit großer Nervosität entgegen, weil wir dort in Ermangelung einer Konzerthalle mit einer Sportarena vorlieb nehmen mussten. Unser Programm war insbesondere im Hinblick auf Paul Hindemiths Sinfonie *Mathis der Maler* sehr schwierig und die Akustik in der Halle ziemlich schlecht. Dennoch war das Konzert ein großer Erfolg und alle einschließlich Celibidache waren sehr glücklich.

Am nächsten Tag reisten wir weiter nach Schweden für das zweite Vor-Konzert. Auf dem Flug von Trondheim nach Schweden bedankte ich mich bei Celibidache für den wunderbaren Abend in meiner Heimatstadt. Er befand sich in bester Stimmung und sagte, dieses Konzert sei eines der besten überhaupt, das er je mit dem schwedischen Rundfunkorchester gegeben habe. »Unser heutiges Konzert in Eskilstuna wird allerdings komplett misslingen«, prophezeite er. Ich dachte, er macht einen Witz und hielt dagegen: »Das ist unmöglich, Maestro, es ist dasselbe Programm, dasselbe Orchester, derselbe Dirigent und wir spielen in einer wesentlich besseren Konzerthalle.« Er konterte, das sei eine ganz einfache Psychologie: Nach einem guten Konzert würde die Konzentration nachlassen und das folgende würde qualitativ stark abfallen: »Warte es ab, du wirst das heute Abend schon erleben.«

Kirsten Liese: Wie erklären Sie sich diese Prophezeiung?
Arve Tellefsen: Ich konnte nicht glauben, dass er wirklich meinte, was er sagte. Aber schon auf der Anspielprobe vor dem Konzert in Eskilstuna war seine gute Stimmung verflogen und das Konzert war dann tatsächlich schlecht, wie er es vorhergesagt hatte.

Kirsten Liese: Wie gestaltete sich daraufhin die Tournee?
Arve Tellefsen: Das Eröffnungskonzert unserer Deutschlandreise in Hamburg war ein glänzender Erfolg, Celibidache befand sich in der allerbesten Verfassung. Aber es ging nach diesem Muster weiter: Auf ein sehr gutes Konzert folgte ein schlechtes.

Kirsten Liese: Das war aber doch nicht die erste größere Reise des Orchesters mit Celibidache. Wie gestalteten sich denn die früheren Reisen?
Arve Tellefsen: Da war es auch so, aber da konnte ich dahinter kein Muster erkennen. Da hielt ich ein misslungenes Konzert für einen Unfall.

Kirsten Liese: Zum entscheidenden Ereignis, das schließlich zur Trennung führte, kam es in Bremen.
Arve Tellefsen: Bei diesem Konzert war Celibidache extrem schlecht drauf, und mit seiner Mimik und Gestik gab er dem Publikum zu erkennen, dass er mit dem Orchester äußerst unzufrieden war, sein Zorn galt besonders dem Blech, Trompeten und Hörnern.

In der Pause wandten sich daraufhin einige Kollegen an mich als ihrem Konzertmeister und baten mich, Celibidache zu verstehen zu geben, dass er sich im zweiten Teil zusammenreißen und nicht so demonstrativ gegen das Orchester stellen solle. Ich lehnte das zunächst ab. Celibidache würde wütend sein und sich in seiner Pause gestört fühlen, gab ich zu bedenken. Aber meine Kollegen insistierten, dass sie den Rest des Konzerts unter diesen Umständen nicht spielen würden. Also leistete ich ihrer Bitte schweren Herzens Folge. Der Leiter der Musikabteilung des schwedischen Rundfunks, Magnus Enhørning, und der Tourneeleiter des Orchesters Gunnar Arne Jensen, begleiteten mich.

Ich klopfte an die Tür des Dirigentenzimmers, Celibidache rief »Herein!«. Als wir eintraten, war er bereits ärgerlich und fragte: »Was führt Sie her?« Im Namen des Orchesters sagte ich: »Die Mitglieder des Orchesters bitten darum, dass Sie sich während des Konzerts nicht demonstrativ gegen sie stellen.« Er sagte aufgebracht: »Das Gegenteil ist der Fall, das Orchester stellt sich demonstrativ gegen mich.« Und er fügte über das Blech hinzu: »Diese Touristen!«

Kirsten Liese: Sagte er tatsächlich »Touristen«? Wie meinte er das?
Arve Tellefsen: Er sagte definitiv »Touristen« und wollte damit vermutlich ausdrücken, dass einige Musiker sich wie im Urlaub vergnügten und das Konzert nicht ernst genug nahmen.

Kirsten Liese: Wie ging der Krimi weiter?
Arve Tellefsen: Ich erinnere mich sehr genau, wie Celibidache sagte: »Arve, Sie sind mein einziger Freund im Orchester, stellen Sie sich nicht gegen mich!« Darauf versicherte ich ihm, dass ich mich mitnichten gegen ihn stellen würde, das Orchester aber seine Missachtung genau empfinden könne. Die Atmosphäre war, wie sich denken lässt, zum Zerreißen gespannt, bis Celi schließlich das Gespräch mit dem Satz beendete: »Ich werde die Tournee zu Ende bringen, aber danach meinen Vertrag mit dem schwedischen Rundfunkorchester aufheben.«

Kirsten Liese: Das muss Sie zutiefst schockiert haben! Mir kam zu Ohren, Sie haben daraufhin weinend das Dirigentenzimmer verlassen. Welchen Fortlauf nahm denn um Himmels willen das Konzert nach alledem?
Arve Tellefsen: Das war eine unmögliche Situation. Die zweite Konzerthälfte konnte nur misslingen.

Kirsten Liese: Stellte sich Celibidache immer noch demonstrativ gegen das Orchester?
Arve Tellefsen: Er ignorierte es mehr oder weniger.

Kirsten Liese: Danach wurde auch seitens des Orchesters das Ende der Zusammenarbeit mit Celibidache beschlossen. Aber ein berührendes Abschlusskonzert in Schweden gab es noch.
Arve Tellefsen: Da spielten wir die fünfte Sinfonie von Sibelius. Den Jungen unter uns kamen dabei die Tränen. Es war das traurige Ende einer der größten und bedeutendsten Perioden meines Lebens.

Zur Person:
Arve Tellefsen, Jahrgang 1936, wurde in Trondheim, Norwegen, geboren und begann im Alter von sechs Jahren mit dem Geigenunterricht.

Er studierte am Königlich Dänischen Musikkonservatorium Kopenhagen bei Henry Holst, weitere Studien bei Ivan Galamian in New York schlossen sich an. Arve Tellefsen ist einer der angesehensten Geiger Europas und tritt mit führenden Orchestern auf der ganzen Welt auf. Als Solist hat er mit Dirigenten wie Herbert Blomstedt, Mariss Jansons, Zubin Mehta, Gary Bertini, Esa-Pekka Salonen, Paavo Berglund und Vladimir Ashkenazy konzertiert.

1997 brachte Tellefsen das ihm gewidmete Violinkonzert von Arne Nordheim, dem bedeutendsten norwegischen zeitgenössischen Komponisten mit dem Oslo Philharmonic Orchestra zur

Uraufführung. Als Kammermusiker hat er weltweit an internationalen Festivals teilgenommen und das Oslo Chamber Music Festival gegründet, das alljährlich zahlreiche prominente Künstler versammelt.

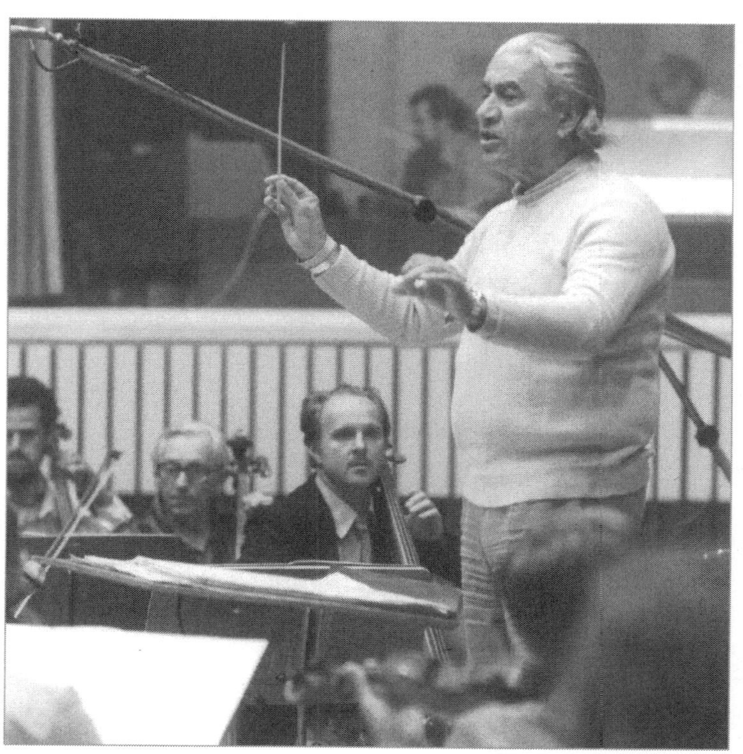

Sergiu Celibidache probt mit dem RSO Stuttgart im SWR Funkstudio, 1979

Die mittleren Jahre
Radio Sinfonieorchester Stuttgart (1972-1977)

Celibidaches Wirken als künstlerischer Leiter beim Radio-Sinfonieorchester Stuttgart – bis 1975 Südfunk Sinfonieorchester – erstreckt sich vom Frühjahr 1972 bis zum Februar 1977, auch danach bleibt er dem Orchester bis 1982 verbunden. Bis heute gilt diese Zeit als »goldene Ära« dieses Klangkörpers, der zuvor schon in gutem Ruf steht, aber noch nicht unter den deutschen Spitzenorchestern rangiert. Eben das ändert sich unter dem Einfluss Celibidaches sehr bald: Mit seiner intensiven Probenarbeit setzt er ungeahnte Potenziale frei, zudem führt er das Orchester sehr erfolgreich auf zahlreiche Gastspielreisen ins Ausland, die es mit sich bringen, dass Fachkreise das RSO nun zusehends höher einstufen, sogar als zweitbestes deutsches Orchester nach den Berliner Philharmonikern.

Wie in Stockholm arbeitet Celibidache in Stuttgart ohne jeglichen Vertrag.

Erstmals präsentiert er sich in Stuttgart auch als Komponist. Bis dahin hatte der Rumäne seine eigenen Werke weitgehend unter Verschluss gehalten. 1979 bringt er seinen *Taschengarten*, eine Orchestersuite in dreizehn Sätzen, zur Uraufführung. Das Werk erscheint – höchst ungewöhnlich für den Ablehner der Schallplatte – bei der *Deutschen Grammophon* als Benefiz-Produktion für das Kinderhilfswerk *Unicef*. Allerdings ist Celibidache mit dem Ergebnis höchst unzufrieden, wie ein Interview mit Klaus Lang belegt: »Die Aufnahme ist verunglückt. Machen Sie keine Reklame für diese Platte. Ich will es nicht. Es ist nur für Kinder. Vielleicht für den Schulfunk.«[1]

Anmerkungen:

1 Siehe Klaus Lang: *Celibidache und Furtwängler*. S. 129.

Erleuchtungen

Ahmet Baydur

Für den Geiger Ahmet Baydur, aufgewachsen in einem humanistischen Elternhaus in der Türkei, ist Sergiu Celibidache in seiner über 36 Jahre währenden Orchesterlaufbahn unter allen Dirigenten, die ihm begegneten, der bedeutendste. Er nennt ihn seinen »wahren Meister«, ja sogar einen Guru. Celi hat ihn als jungen Menschen geformt, ihm »die Ohren geöffnet« für das Erleben und Empfinden von Musik.

Die große Könnerschaft dieses Mannes macht Baydur schon im Handwerklichen aus: Celis Schlag sei »so deutlich, sauber und präzise«, dass »ein Orchestermusiker in jeder Sekunde weiß, wo er sich befindet, wie der nächste Takt dimensioniert ist und ob da ein Accelerando oder ein Rallentando bevorsteht.« Auf Celis Schlag ist also Verlass, und »kein einziger Auftakt anders als wie die Musik anfangen sollte«, meint der Deutschtürke. Damit konnten nur wenige andere Dirigenten mithalten, insbesondere nicht die jüngeren. Bei ihnen beobachtet Baydur eher, dass sie mit »effekthascherischen Posen« zu imponieren versuchen. Das Orchester lerne bei denen gerade noch in den Proben, wie ein Stück »abzulaufen« habe.

Aber auch ein älterer Dirigent wie Sir Roger Norrington habe sich in Posen gefallen und »hin- und wieder mit dem Publikum geschäkert«, sagt Baydur, »so etwas machte Celibidache nicht.«

So akribisch wie der Rumäne studiere heute ohnehin kaum jemand noch ein Werk, behauptet der Zeitzeuge. Jedenfalls enttäuscht es ihn, dass unter all jenen, die er in jüngerer Zeit erlebte, die Bereitschaft kaum mehr vorhanden sei, sich beim Studium eines Werkes akribisch mit der Partitur zu beschäftigen. Stattdessen würden sich viele jüngere Dirigenten Aufnahmen anhören und aus ihren Höreindrücken ihre Interpretationsansätze ableiten.

Baydur erinnert sich, wie Celi einmal erwähnte, er habe Monate gebraucht, um das Vorspiel von Wagners *Tristan* zu studieren, was für ihn das genaue Wahrnehmen jedes einzelnen Tones implizierte. Schallplatten hörte sich der Solitär ja sowieso nicht an: »Er hatte seine eigene Linie, seine eigenen Empfindungen, seine eigenen Visionen.« Seinem beruflichen Selbstverständnis nach waren Musiker »Priester«.

Der Feuerkopf, der in seinen jungen Jahren noch im Berliner Titania-Palast mit seinen schwarzen Locken auf dem Podium tanzte wie ein Derwisch, ist Celibidache nun schon nicht mehr. Baydur beschreibt ihn in seiner Stuttgarter Zeit als einen zwar schon »gesetzten Herrn«, der aber sehr, sehr kraftvoll beim Musizieren wirkt und bis zum Wechsel nach München bei keiner einzigen Probe auf einem Stuhl Platz nimmt, dies auch, weil er fürchtet, im Sitzen nicht alle Musiker gut im Visier zu haben. Für Celi ist es unabdingbar, mit jedem einzelnen in Blickkontakt zu stehen. Mitglieder, die ihn nicht anschauen wollen, schätzt der Meister weniger, sagt der Musiker, dem das konsequent erscheint: »Wenn Sie sich beim Studium in die Hände eines großen Meisters begeben, müssen Sie ihm folgen und vertrauen, nur solange können Sie etwas von ihm lernen. Wenn Sie ihm nicht mehr glauben, sollten Sie gehen.«

Von Zeit zu Zeit hat Baydur seinen Meister aber auch als einen verletzlichen Menschen erlebt. Eine tragikomische Episode, die das belegt, ereignet sich auf einer Tournee. Kurz nach der Anspielprobe zieht Celi seinen Geiger beiseite und bittet ihn vertraulich auf sein Zimmer. Er zeigt ihm seine neue Frackhose, die er in Stuttgart bei einem namhaften Herrenausstatter eigens für die Tournee hat fertigen lassen: »Schau doch mal, Ahmet, der Dummkopf hat die Hose nicht richtig angepasst, sie rutscht, so kann ich nicht dirigieren.« Dem Eingeweihten tut das leid, aber was im Himmel soll er nur machen? Celi bittet um Hosenträger. Bis zum Konzert verbleibt jedoch nur wenig Zeit, Baydur verfügt über keine Träger. Vielleicht könne er doch aber die Kollegen fragen, bittet ihn der Maestro. Also eilt Baydur ins

Stimmzimmer. Dort ist gerade der Solo-Oboist Professor Milde dabei, seine Hose anzuziehen. Baydur kommt gleich zur Sache: »Herr Milde, der Meister braucht dringend Hosenträger, geben Sie mir doch bitte Ihre!« Milde erschrickt. Beim Schlussbeifall, wo die Solisten einzeln aufstehen, käme er in die Bredouille. Aber Baydur, erleichtert, einer Lösung näher zu kommen, kennt kein Pardon: »Dann müssen Sie, wenn Sie aufstehen, die Hose eben mit einer Hand halten, das fällt weniger auf als beim Meister.«

So kommt es dann auch, was unter den Kollegen, die das mitbekommen haben, für eine gewisse Belustigung sorgt. Am Ende ist alles noch mal gut gegangen, das Konzert ist gerettet. Aber für nervenaufreibende Minuten war Celibidache, »der große Dompteur«, angewiesen auf die Hilfe anderer.

Dass der Maestro keineswegs ein Dickhäuter ist, vermittelt sich noch in einem anderen Konzert, als im Wiener Musikverein einmal die Dritte von Johannes Brahms den Schlusspunkt bildet. Das Werk klingt leise aus und beeindruckt das Publikum damit offenbar weniger. Der Beifall fällt jedenfalls nur mäßig aus, was Celibidache dazu bringt, spontan ins Orchester zu flüstern: »Ist wohl kein gutes Reisestück.«

Solche Äußerungen dokumentieren zugleich den lakonischen Humor des Dirigenten, in dessen Proben von Zeit zu Zeit hinreißende Situationskomik aufkommt. In diesem Kontext erinnert Baydur an eine Einstudierung von Strawinskys Ballettmusik *Petruschka* mit Alexander Bohnke für den Klavierpart als Gast an Bord, ein direkter Nachfahre von Moses Mendelssohn und ein »ruhiger, zurückhaltender Musiker«. Plötzlich bricht Celibidache ab und spricht ihn an: »Der Herr am Klavier: Sie müssen die Stelle mit Krallen hämmern! Haben Sie mal gehört, wie Horowitz das *Tor von Kiew* spielt in den *Bildern einer Ausstellung*? So müssen Sie das spielen: mit zehn Fingern und noch der Nase dazu!«

Erweist einmal der begnadete, göttliche Arturo Benedetti Michelangeli den Stuttgartern die Ehre, ist die Situation indes eine gänzlich andere.

Celibidache ist selig, als er für Edvard Griegs a-moll Konzert zusagt. Allerdings bleibt lange ungewiss, ob Michelangeli sein Wort halten wird. Vielleicht kommt er, vielleicht auch nicht, vielleicht reist er an, spielt aber nicht, alles scheint denkbar. Ungeachtet dieser Unwägbarkeiten bereitet Celibidache das Konzert penibel vor, insbesondere das Vorspiel vor dem Solo-Einsatz. Vierzehn Tage lang wird es geprobt, strukturiert, verfeinert, mit grandiosem Resultat: »Kein zweites Orchester auf der Welt spielt diese Takte so schön«, schwärmt Baydur. Die Mühe wird belohnt. Michelangeli reist mit drei (!) Flügeln und einer Gruppe von Technikern an, die von Zeit zu Zeit die Tastaturen auswechseln. An einem Morgen bevorzugt der Pianist die eine, am Tag darauf die andere. In solche Überlegungen mischt sich Celibidache nicht ein, überlässt vielmehr Michelangeli die Position des Kochs und »gibt selbst den Kellner.« Mit Gelassenheit hat er die Launen seines Kompagnons hingenommen. Wenn es also einen »Sensibilisissimus« oder »Filigranisissimus« im Aufeinandertreffen der beiden Maestri gab, wie Klaus Umbach [1] Celibidache nannte, dann ist es wohl eher Michelangeli. Jedenfalls sollen die Giganten ideal miteinander harmoniert haben.

Nahezu jede Musik lässt Celibidache unwiderstehlich gut entstehen, klar strukturiert, spannungsvoll im Aufbau, tief in der Beseeltheit und getragen von einem gemeinsamen Atem. Auf die legendären Bruckner-Abende trifft das ebenso zu wie auf weniger bedeutsame Werke, die Celi »zu großartigen Klangerlebnissen erhebt«, sei es Tschaikowskys sinfonische Dichtung *Francesca da Rimini*, Prokofjews *Skythische Suite*, Ravels *Pavane pour une infante défunte* oder dessen *Valses nobles et sentimentales*.

Bei alledem beeindruckt Celibidache damit, sich bei Proben nicht zu wiederholen wie viele andere Dirigenten. Jedes Mal arbeitet er an einer anderen Ecke, staunt Baydur, und sei es nur das kurze Solo einer kleinen Trommel wie im zweiten Satz des Orchesterkonzerts von Béla Bartók. Wer sonst würde sich schon stundenlang allein mit der kleinen Trommel befassen?

Ich könnte Ahmet Baydur noch stundenlang weiter dabei zuhören, wie er all die bedeutenden Details auflistet, die Celibidaches Einstudierungen so einmalig und unwiederbringlich machten. Und wie er immer noch eine weitere liebenswerte Anekdote aus dem Hut zaubert, zumal er die Gabe besitzt, seinen Meister trefflich zu imitieren. Die heiteren Reminiszenzen gewinnen somit einen ganz eigenen Charme.

Baydur ist bei alledem einer der ersten Zeitzeugen, die ich kennenlernte, als meine verspätete intensive Beschäftigung mit Celibidache begann. Das ereignete sich auf der Rückreise einer Orchester-Tournee nach London und Wien, die ich journalistisch begleiten durfte. Nahezu die gesamte Bahnfahrt ließ ich mir von ihm über Celibidache erzählen, gebannt auf jedes Detail.

Damals wie heute hat Baydur den mit seinen langsamen Tempi polarisierenden Einzelgänger Celibidache in künstlerischen Fragen rundum verteidigt. Dennoch beurteilt er ihn ambivalent. Dass das verehrte Vorbild bisweilen einzelne Kollegen coram publico bloßstellte, löst bei ihm Unbehagen und Unverständnis aus. In solchen Momenten hätte er sich am liebsten verkriechen wollen.

Über ein Konzert in Kassel, in dessen Vorfeld es eine Auseinandersetzung mit einem kleineren Angestellten gab, erinnert sich Ahmet Baydur dagegen mit einem Schmunzeln.

Der Meister beklagt bei der Probe am Vormittag, dass es im Saal angeblich zu kalt ist. Der herbei zitierte Hausmeister entgegnet salopp, »selbst für Karajan habe die Saaltemperatur gereicht.« Vermutlich ahnt er nicht, was er damit auslöst, allein nur diesen Namen zu erwähnen, jenen ewigen Rivalen, über den Celibidache sagt: »Die Massen lieben ihn – Coca Cola auch.« Prompt geht auf den Mann eine Salve nieder, dass und warum auf Karajans Urteil nichts zu geben sei. Der Düpierte rächt sich, indem er abends für das Konzert mächtig aufheizt, den Heizraum zusperrt und sich unerreichbar davonmacht. Bei einer Hitze von dreißig Grad tropft den Musikern das Wasser von der Stirn. Nach seinem Abgang von der Bühne kann man Celi laut »Mörder!« schreien hören.

Noch ein anderer begeht einen Fauxpas. Es ist der Chef-Chauffeur des Rundfunks, der Celibidache in Stuttgart vom Hotel zu den Proben und in die Liederhalle fährt. Eines Tages erzählt der Mann Baydur und einigen anderen Orchestermitgliedern, dass er Celibidache – und das keineswegs aus böser Absicht, sondern mehr aus Naivität – gefragt hat: »Welcher ist denn nun der bessere Dirigent: Sie oder Karajan?« Nach solch einer Frage würde man vielleicht ein Donnerwetter erwarten. Aber nein. Dem musikalisch Einfältigen erläutert Celibidache, warum er der bessere Dirigent ist.

So feindselig Celibidache seinem Widersacher Karajan gegenübersteht, den er vor allem auch für die Kommerzialisierung des Musikbetriebs stark kritisiert, würde man annehmen, dass er sich von dessen Konzerten strikt fernhält. Aber tatsächlich sitzt er im Frühjahr 1977 im Publikum einer von Karajan geleiteten Matinee in der Berliner Philharmonie, auf deren Programm die sechste Sinfonie von Gustav Mahler steht. Dies noch dazu an einem besonderen Tag, an dessen Abend Celi selbst ein Konzert mit den Stuttgartern in vorletzter Tournee-Station dirigiert. Baydur sieht seinen Meister mit eigenen Augen im Saal, sonst würde er das vielleicht nicht glauben. Am Abend empfängt das Berliner Publikum dann Celibidache zu Bruckners Achter mit einem zehnminütigen Beifall.

Die letzte amüsante Geschichte aus dem reichen Erinnerungsschatz Baydurs trägt sich zu Beginn der 1980er Jahre zu, als der Kompromisslose, nunmehr schon beheimatet in München, als Gast den traditionellen Südfunk-Ball dirigiert.

Zur Krönung steht der *Kaiserwalzer* von Johann Strauß auf dem Programm, bei dem sich der Dirigent ins Publikum drehen und mit einer Bewegung zum Tanz auffordern soll. Um die nuancenreiche Gestaltung ist es damit geschehen, unter »dem Getrampel der Leute« lässt sich die Musik kaum noch vernehmen. Aber wiewohl sich das sicherlich nicht mit Celibidaches Ansprüchen verträgt, spielt er kopfschüttelnd mit.

Doch dann kommt es an diesem Abend zu späterer Stunde noch zu einem Live-Interview während des Balls. »Maestro, Sie sind sicherlich gekommen, weil Sie dem Orchester so verbunden sind«, so oder so ähnlich eröffnet der Radio-Intendant Bausch das Gespräch. Aber das dementiert der Maestro und verweist auf ganz handfeste Gründe für seine Rückkehr: »Ich habe niemals in so wenigen Tagen so viel Geld verdient wie heute.«

Dass Celibidache mit seinem Geld viele junge Menschen unterstützt, damit sie nach Stuttgart kommen und bei ihm in den Proben lernen können, steht auf einem anderen Blatt. Baydur hat ihn unter den Studenten mehrfach Banknoten verteilen sehen. Diese großzügige Facette wird in weiteren Kapiteln noch ausführlicher anklingen.

Mit seiner Verantwortung für die nächste Generation nimmt es Celi ohnehin sehr ernst. Traditionen weiterzugeben, ist ihm ein wichtiges Anliegen. »Wozu sind wir nütze, wenn wir keinen Brahms spielen können?«, hat ihn Baydur einmal erregt sagen hören.

Solche Mahnungen laufen bei dem Geiger nicht ins Leere. Im Ruhestand ruft er die Baydur-Stiftung ins Leben, um Kinder mit musikalischen Mitteln an die europäische Kultur heranzuführen.

Die Aufzeichnungen zu den Erinnerungen stammen aus den Jahren 2021/2022.

Zur Person:
Ahmet Baydur wurde 1944 in Istanbul geboren, wo er in einer humanistischen Familie aufwuchs. Erste Orchestererfahrungen sammelte er im Alter von sechzehn Jahren im Sinfonieorchester Istanbul.

1966 nahm er sein Violinstudium bei Ricardo Odnoposoff in Stuttgart auf. Von 1971 bis 2007 wirkte er bei den zweiten Geigen im RSO Stuttgart. Zwei Jahre später gründete er die Baydur-Stiftung »Zukunfts-Musik«.

2010 wurde ihm der Manfred-Rommel-Preis des Deutsch-Türkischen Forums Stuttgart »für die Verdienste um die kulturelle Verständigung zwischen deutschen und türkischen Stuttgartern jeden Alters« verliehen.

Anmerkungen:

1 Siehe Klaus Umbach: *Celibidache – Der andere Maestro. Biografische Reportagen.* München 1995.

Kraftvolle Phase

Patrick Strub

Beim ersten Konzert, das er 1976 unter Celibidache spielt, steht die erste Sinfonie von Johannes Brahms auf dem Programm. Strubs Faszination für den Dirigenten ist sofort geweckt. Für diesen Komponisten hat Celi ein »goldenes Händchen«. Das zeigt sich vor allem an dem großen Gespür für die Verzahnung der Stimmen und für den »deutschen Klang«, mit dem freilich ein empfindliches Thema berührt ist: In jüngerer Zeit verbinden Skeptiker ihn mit vermeintlicher Deutschtümelei oder bestreiten, dass sich ein deutscher Klang aufgrund von Merkmalen näher charakterisieren ließe. Positionen, denen Celibidache vermutlich vehement widersprechen würde, so wie er sich generell seine Unabhängigkeit bewahrt.

Jedenfalls steht für Celibidache unumstößlich fest, dass die deutsch-österreichische Musik der Klassik und Romantik ebenso einen spezifischen Klang besitzt wie die französische oder russische, der er sich gleichfalls mit sehr großer Differenziertheit verpflichtet.

Was macht den deutschen Klang aus? Patrick Strub beschreibt ihn so: »Die Streicher spielen mit weniger Vibrato und Druck auf den Saiten als früher und stattdessen mit einem starken Zug«, wie einst auch die Berliner Philharmoniker unter Wilhelm Furtwängler.

Für Strub markieren Celibidaches mittlere Jahre, in denen er das RSO Stuttgart leitet, den »Höhepunkt seines Könnens«. Die Erste von Brahms stehe dafür beispielhaft: Celi habe sie in Stuttgart schneller und kraftvoller dirigiert als in seinen späten Münchner Jahren, »damals stand er so richtig im Saft.«

Wie in Berlin und Stockholm beansprucht Celi weit mehr Probenzeit als andere Dirigenten. Er kann jedem verständlich machen, warum er probt und es in der Gestaltung – wie er es selbst formuliert – »Hunderte von Nein gibt, aber nur ein einziges

Ja.« Im Übrigen habe man bei ihm vom Auftakt an eine genaue Vorstellung davon, wie das gesamte Stück klingen soll.

Bei aller Sympathie für den charismatischen Giganten mit den »geschmeidigen Händen und langen Fingern« sind Strubs Erinnerungen an ihn durchsetzt von Ambivalenzen, wie sie wohl unweigerlich mit großen Persönlichkeiten einhergehen. Kommt der Choleriker Celibidache zum Vorschein, dann ist er »extrem launisch und brüllt, dies oft zu Unrecht.«

Aus psychologischer Sicht rührt ein solches Verhalten an alte Wunden: »Meines Erachtens leidet Celibidache darunter, dass er eigentlich nicht das Orchester dirigiert, das ihm entsprechen würde«, sagt Strub im Hinblick auf Celibidaches Scheitern bei den Berliner Philharmonikern als Furtwänglers Nachfolger. Mit Eitelkeit oder Überheblichkeit habe das nichts zu tun.

Aber es gibt auch eine Persönlichkeit, vor der Celibidache großen Respekt hat: die Harfenistin Ursula Holliger, Ehefrau des Oboisten Heinz Holliger und eine der wenigen Frauen im Orchester. Wegen ihrer »scharfen Zunge« wagt der Maestro an ihr keine Kritik, selbst dann nicht, wenn einmal etwas schief geht.

Jedenfalls ist es immens, was Celibidache aus dem Orchester herausholt, auch in der Weise, wie er es versteht, einzelne Musiker zu »animieren«. Patrick Strub spielt vier Jahre unter ihm und erlebt in dieser Zeit zahlreiche Sternstunden.

Das mit Ovationen gefeierte *Heldenleben* zählt in besonderer Weise dazu. Da sei Richard Strauss nicht als »der Bierhumpen hebende Kraftprotz« zu erleben, sondern »als ein eleganter Lebemann, der sich seines Könnens und seines Wissens bewusst ist, weiß, dass man mit Widersachern zu leben hat, und wie schwierig es ist, die passende Frau zu finden, um dann hinterher doch einigermaßen glücklich zu sein.« Den Abschied in Es-Dur hätte er nie wieder so gehört, sagt Strub, »das ist einfach phänomenal.« Da gehe ihm das Verhältnis der Stimmen untereinander auf, wie sie ineinander verwoben sind und aufeinander reagieren. »Das ist sehr typisch für Celi: Sie müssen anfangen, wo die anderen aufgehört haben bei einem Crescendo. Sie sind nicht ein Neuanfang, sondern Sie sind eine neue Farbe und müssen den Faden aufnehmen.«

Gleichermaßen überwältigend fällt das Presse-Echo aus. »Wer erwartet hatte, dass Celibidache und die Radio-Sinfoniker hier nun ein Musicorama von gleißender Farbenpracht und –fülle entwerfen würden, dass sie in Makart-Pomp und Corinth-Wollust schwelgen und eine Virtuositätsparade von Musikereitelkeiten inszenieren würden, erlebte mit, wie die imperiale Attitüde eines allzu ungebrochenen männlichen Selbstbewusstseins permanent durch Subtilität und Sensibilität unterlaufen wurde«, schreibt etwa die *Stuttgarter Zeitung* in der Ausgabe vom 10. November 1979, »da spitzte man schon gleich zum Auftakt die Ohren, als den Streichern und Hörnern ihr Imponiergehabe durch die knappen Holzbläsereinwürfe gründlich vermiest und durch die folgende, nicht übersüßte Liebeserklärung der Oboen und zweiten Geigen quasi ironisiert wurde.« Und in der *Rheinischen Post* meint Alfons Neukirchen, Celibidache habe »voller Stolz« den »früher stumpfen Gesamtklang der Streicher koloristisch belebt« und gezeigt, »wie weich und wohlig auch acht Hörner und fünf Trompeten Forte blasen können, mit welch kostbarer Zartheit sich die Holzbläserstimmen in ihre Soli einzuschwingen vermögen.«

Zu den weiteren einmaligen Erlebnissen zählen die Bruckner-Abende. Insbesondere die Einstudierung der Achten prägt den damals noch sehr jungen Geiger: »Diese Sinfonie wie bei einem Schöpfungsprozess entstehen zu lassen, war etwas völlig Neues.«

Getreu seinem Motto »Man will nichts, man lässt entstehen«, gibt Celi der Musik die Zeit, die sie braucht, um sich zu entwickeln und allmählich aufzutürmen, in den Steigerungen wird er dann energischer. Ein Vergleich mit der Architektur französischer Kathedralen drängt sich auf, schon in seiner Jugend faszinierte es Strub, wie sich in ihnen das Gewaltige mit dem Spirituellen verbindet, »das zieht einen einfach nach oben.«

Die Tremoli in den Streichern zu Beginn lässt Celi gemischt spielen, will heißen: Einige Musiker streichen den Bogen langsam an der Spitze hin und her, andere spielen eine Nuance schneller und die übrigen machen das Tremolo. Das daraus resultierende Klangbild vergleicht Strub mit einem Nebel, der sich »langsam über einer Landschaft lichtet, so dass nach und nach deren Konturen hervortreten.« Darin liegt ein großer Unterschied zu den Wiedergaben anderer Dirigenten, bei denen das Tremolo von Anfang an energischer im Vordergrund steht. Günter Wand, ebenfalls für seine Bruckner-Interpretationen gerühmt, lässt das Tremolo von Anfang an immer sehr schnell machen, das tönt eher wie eine »Brise über dem Meer.«

Zu Celis Glanzleistungen zählt Strub weiter seine Wiedergabe des Konzerts für Orchester von Béla Bartók mit einem langsamen Satz, der wie eine Vorwegnahme der »Tragödie eines Untergangs im Zweiten Weltkrieg« tönt.

Und dann die *Sheherazade* von Rimski-Korsakow: »Traumhaft, Sie sehen die Prinzessin bildlich mit Seidenschühchen tanzen, und im letzten Satz kann man genau hören, wie das Schiff zerschellt.«

Als ein magisches Hörerlebnis brennt sich auch Debussys sinfonische Dichtung *La Mer* in Strubs Gedächtnis ein. Celibidaches Perfektion lässt sich da besonders im Satz *Jeux des vagues* ausmachen: »Da musste das Schlagzeug am Ende so sein wie die Schaumkrone auf der Welle.«

Überhaupt die Programmmusik: Bei Celibidache tönt sie stets so, dass sich bis in kleinste Nuancen hinein die fiktiven Geschichten vermitteln wie zum Beispiel auch in Mussorgskys *Bildern einer Ausstellung*. Da phrasiert Celi schon die erste Promenade so plastisch, dass sich vermittelt, wie jemand durch eine Gemäldegalerie schreitet. Und wenn es um die starke Aussagekraft der einzelnen Bilder geht, kommt Patrick Strub allen voran der *Bydlo* (Ochsenkarren) in den Sinn, bei dem sich das Gefühl einstellt, er stecke tief im Schlamm.

Aber wie kann es sein, dass das Orchester 1979 einen derart genialen Dirigenten ziehen lässt?

Celibidache ist gerne in Stuttgart, wo sich ein großer Kreis an Freunden und Verehrern um ihn schart und er sich großer Beliebtheit erfreut. Mit ihm könnte das Orchester eine Weltkarriere aufbauen, ist sich der Geiger sicher. Aber diese Chance verschläft der SWR wohl auch in der falschen Annahme, ein Klangkörper des öffentlich-rechtlichen Rundfunks dürfe nicht zu populär werden, weil die entsprechenden Gelder nicht zur Verfügung stünden und man keine Sponsorengelder annehmen dürfe.

Vor allem aber wird es versäumt, Celibidache die Anerkennung zu zollen, die er als grandioser Künstler verdient. Im Orchester wird berichtet, dass nicht einmal ein Blumenstrauß zum Empfang bereitsteht, wenn Celi von auswärts anreist, »das ist blamabel.«

Die Münchner werben dagegen in großem Stil um den rumänischen Weltstar: Kaum tritt er sein neues Amt an, organisiert man dort für seine Ehefrau eine Ausstellung ihrer Gemälde, bisweilen wird er sogar »mit dem Helikopter« abgeholt.

Eben das kränkt den Maestro: Dass man ihn in Stuttgart nicht seines Wertes entsprechend behandelt.

Dass Celibidache bei den Münchnern ein »wunderbarer Lebensabschluss« vergönnt ist, steht für Patrick Strub außer Frage, »die Münchner verfügen über jüngere Musiker als wir und glänzen mit großartigen Einzelleistungen.«

In Stuttgart zählt der 28-jährige Strub zu den wenigen jüngeren Musikern. Viele seiner Kollegen sind noch im Krieg gewesen. In München steht dagegen schon die nächste Generation mit so phänomenalen Musikern wie dem großartigen Pauker und Schlagzeuger Peter Sadlo am Start: »Ich glaube, dass Celi diese Konstellation das Gefühl gegeben hat, die Münchner seien besser als unser Orchester.« Qualitativ aber sei das Stuttgarter RSO das bessere gewesen, meint Strub, die Münchner habe Celi erst zu einem Weltklasse-Orchester geformt.

Die Aufzeichnungen zu diesen Erinnerungen stammen aus den Jahren 2017 und 2021.

Zur Person:

Patrick Strub, geboren 1947 in Escheber, Kreis Zierenberg, stammt aus einer Musikerfamilie. Er studierte zunächst Musikwissenschaft und Psychologie, anschließend Violine in Hamburg und Rom sowie Dirigieren bei Wilhelm Brückner-Rüggeberg in Hamburg und Franco Ferrara in Siena.

1976 wurde er Mitglied beim Radio Sinfonie-Orchester Stuttgart, aus dem er im Jahr 2008 unfallbedingt ausschied.

Seither konzentriert sich seine künstlerische Arbeit ganz auf das Dirigieren. Strub leitet das von ihm 1984 gegründete Stuttgarter Kammerorchester Arcata und das Christophorus Symphonie-Orchester als Chefdirigent.

Als Gast dirigiert Patrick Strub zahlreiche Kammer- und Sinfonieorchester, darunter das Stuttgarter und das Slowakische Kammerorchester, das City of Kobe Orchestra, die Radio-Sinfonieorchester in Stuttgart und Bratislava, das Queensland Philharmonic in Australien, das Radio-Sinfonieorchester Peking und das Madison Symphony.

Im Einklang

Wolfgang Boettcher

Der Berliner Musiker spielte am 2. April 1976 in der Stuttgarter Liederhalle das Cellokonzert von Paul Hindemith unter Sergiu Celibidache. Unser Gespräch über den Dirigenten führten wir 2017.

Kirsten Liese: Als Sergiu Celibidache 1945 interimsweise die Berliner Philharmoniker als Furtwänglers Statthalter übernahm, waren Sie zehn Jahre alt. Welche Erinnerungen gibt es an diese Zeit?

Wolfgang Boettcher: Ich hatte das Glück, ihn als Jugendlicher im Titania Palast zu erleben. Celibidache war eine Lichtgestalt und sah fantastisch aus. Zum 100. Geburtstag der Berliner Philharmoniker hatte ich einen kurzen Film gesehen, da war er unter allen Dirigenten derjenige, bei dem jede Bewegung Musik wurde. Diese Erscheinung und sein perfektes Handwerk haben mich tief beeindruckt. Wie er einen Auftakt geben konnte, war phänomenal.

Kirsten Liese: Als Sie 1958 Mitglied des Berliner Philharmonischen Orchesters wurden, haben Sie Celibidache nicht mehr erlebt. Dafür begegneten Sie ihm 1976 in Stuttgart als Solist.

Wolfgang Boettcher: Er war nun ein älterer Herr, der mir gleich auf einer der ersten Proben sagte – und das empfand ich als eine sehr freundliche Geste für mich als Berliner – er wäre Rumäne, fühle sich aber auch als Berliner. Und wenn man ihn nach seinem Zuhause fragen würde, sage er, er sei Berliner. Er hatte immer noch seinen Berliner Ausweis, und in der Stadt fühlte er sich wohl.

Kirsten Liese: Wie gestaltete sich die Arbeit am Hindemith-Konzert?

Wolfgang Boettcher: Er hat sehr, sehr langsam dirigiert. Ich dachte zuerst, er probt das zunächst so langsam, aber das Tempo blieb so. Daran war nicht zu rütteln.

Ich war gewohnt, unter vielen Dirigenten zu spielen, konnte mich auch darauf einstellen, vor allem, weil er es nicht bei drei Proben beließ, wie es ursprünglich vorgesehen war. Schon zehn Tage vor der ersten Orchesterprobe ließ er mich anrufen, ob ich nicht schon nach Stuttgart kommen könnte. Ich antwortete: »Richten Sie Herrn Celibidache aus, dass ich genauso gerne probe wie er.« Ich hatte zu der Zeit noch Verpflichtungen als Solocellist der Berliner Philharmoniker, richtete es aber so ein, dass ich nach Stuttgart fuhr, wenn es mir möglich war. Er hat mich auf Händen getragen!

Aber ich musste sein Tempo nehmen. In einigen Passagen in dem Konzert versucht man ein bisschen zu drängeln. Da hat er sofort abgebrochen. Also daran war nicht zu rühren. Ich hatte aber Zeit, mich darauf einzustellen, das war für mich ein ganz großes Erlebnis.

Kirsten Liese: Weshalb?

Wolfgang Boettcher: Seine Gestik war ganz und gar mit ihm verbunden. Ich habe eigentlich keinen anderen Dirigenten jemals so angstfrei klare Auftakte geben sehen.

Ich erinnere mich nur an einen kniffligen Übergang im zweiten Satz zwischen einem langsamen Teil und einem schnelleren in einem Neunachtel-Takt. Schon in der ersten Probe funktionierte er perfekt.

Erinnern wir uns zum Vergleich: Bei Furtwänglers Auftakten fuhr ein langer Blitz in die Erde, Leonard Bernstein zeichnete irgendeinen Vogel in die Luft. Jeder hatte eben seine Art, mit dem Auftakt fertig zu werden. Bei Celibidache war er absolut klar, das war faszinierend zu erleben.

Kirsten Liese: Apropos Furtwängler: Celibidache schätzte ihn sehr ungeachtet der leichten Spannungen, die es nach Furtwänglers Rückkehr zwischen ihnen gegeben hatte.

Wolfgang Boettcher: Furtwängler war für ihn heilig. Über fast alle anderen Kollegen hatte er sich äußerst negativ geäußert, was er gar nicht nötig hatte, aber auf Furtwängler ließ er nichts kommen.

Kirsten Liese: Was geschah nach dem Konzert? Kamen Sie da noch einmal ins Gespräch mit Celibidache?
Wolfgang Boettcher: Es kam zu einer entzückenden Begegnung im Künstlerzimmer. Celibidache sprach meine älteste Tochter an, die damals noch ein Kind war und mit meiner Frau zum Konzert gekommen war: »Na, was für ein Instrument spielst du denn?« – »Geige.« – »Übst du gerne?« – »Nein.« – »Ich habe auch nie gerne geübt«, sagte er dann. Also das war wirklich ein reizender Dialog mit einem Kind. Und nach diesem Hindemith-Konzert – das werde ich auch nie vergessen – spielte das Orchester unter seiner Leitung die große C-Dur-Sinfonie von Franz Schubert. Diese Wiedergabe hat mich zutiefst beeindruckt.

Da gibt es im langsamen Satz diese eine Stelle, in der das Jenseits plötzlich hörbar wird, ein wahnsinniger Abbruch im Fortissimo, und dann spielen die Celli wie aus dem Nichts diese wunderbare Melodie. Das hatte ich so noch nicht gehört.

Kirsten Liese: Kommen Sie beim Hindemith-Konzert zu einem ähnlichen emphatischen Urteil?
Wolfgang Boettcher: Im ersten Satz fehlte mir ein bisschen die motorische Vitalität. Aber der langsame Satz war wunderbar, der letzte fantastisch! Mir ist gleichwohl bekannt, dass Celibidache das Konzert später noch mit einem anderen Kollegen gespielt hat, und dass Hindemith sehr begeistert war von seiner Ausführung.

Kirsten Liese: Sie haben das Hindemith-Konzert eigens für diesen Anlass einstudiert.
Wolfgang Boettcher: ... und ich bereue keine Stunde, die ich

daran geübt habe. Es ist ein schweres Stück, das leider sehr vernachlässigt wird, dabei ist es eines der großen Cellokonzerte des 20. Jahrhunderts.

Kirsten Liese: So wie Celibidache Karajan verfluchte, mag es erstaunen, dass er sich für ein Solokonzert ausgerechnet einen Musiker aus dem Orchester geholt hat, das ihn mit der Entscheidung für Karajan so enttäuschte. Haben Sie dafür eine Erklärung?

Wolfgang Boettcher: Ich hatte zuvor das Cellokonzert von Witold Lutoslawski mit dem Radio Sinfonieorchester Stuttgart unter der Leitung des Komponisten aufgenommen. Das war ein spektakulärer Erfolg. Darüber wurde die Musikabteilung auf mich aufmerksam. Außerdem befand sich im Orchester eine Cousine von mir. Ich weiß allerdings nicht, ob Celibidache sie angesprochen hat. Jedenfalls kam die Anfrage, und das war eine große Ehre für mich.

Kirsten Liese: Gab es nach diesem Konzert noch irgendeine Verbindung zwischen Ihnen und Celibidache?

Wolfgang Boettcher: Ein weiteres Konzert hat sich leider nicht ergeben. Aber Kollegen der Berliner Philharmoniker, die wussten, dass ich das Orchester verlassen würde, baten mich, zwischen ihnen und Celibidache zu vermitteln. Man wünschte doch sehr seine Rückkehr als Gastdirigent. Das habe ich getan, indem ich Celibidache einen Brief geschrieben habe. Den hat er nie beantwortet, aber als er auf einer Tournee mit seinem Orchester in die Berliner Philharmonie kam, sagte er gleich, als ich ihn im Künstlerzimmer begrüßte: »Vielen Dank für Ihren Brief.« Das war's.

Ich glaube, er hat es nicht ertragen, wenn sich irgendwie Harmonie einstellte. Dann hat er hingeschmissen. Mit mehreren Orchestern war das so. Bei den Münchnern war er dann vielleicht zu alt, um noch einmal neu anzufangen. Aber sowohl die Münchner als auch die Stuttgarter spielten, nachdem er sie dirigierte, wie ein Weltklasseorchester. Er war einer der allerbesten Orchestererzieher, die es überhaupt gab.

Zur Person:
Wolfgang Boettcher studierte Cello bei Richard Klemm. 1958 gewann er zusammen mit seiner älteren Schwester, der Pianistin Ursula Trede-Boettcher, den zweiten Preis beim Internationalen Musikwettbewerb der ARD in München.

Von 1958 bis 1976 war er zweiter Solo-Cellist der Berliner Philharmoniker. Danach übernahm er eine Professur an der Hochschule der Künste Berlin.

Boettcher gehörte zu den Gründungsmitgliedern des Ensembles *Die 12 Cellisten der Berliner Philharmoniker* sowie des Brandis-Quartetts. Von 1986 bis 1992 war er zudem künstlerischer Leiter der Sommerlichen Musiktage Hitzacker und Professor an der Carl Flesch Akademie Baden-Baden.

Am 24. Februar 2021 starb der Cellist in Berlin.

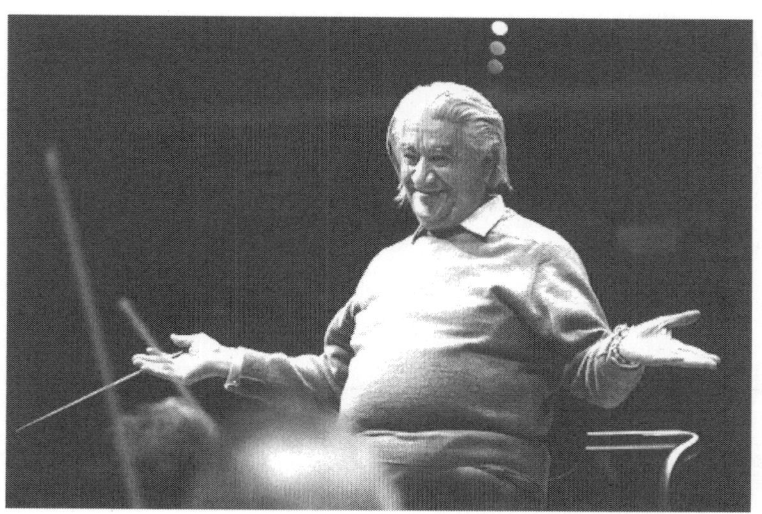

Sergiu Celibidache in München, Januar 1989
während der Proben zu Beethovens 7. Symphonie
in der Münchner Philharmonie

Die späten Jahre
Münchner Philharmoniker (1979-1996)

1979 wird Sergiu Celibidache Chefdirigent der Münchner Philharmoniker. Nach seinen eigenen Worten kann er mit diesem Klangkörper seine künstlerischen Visionen am besten verwirklichen. Insbesondere seine Bruckner-Abende gelten als legendär.

Seine Ansprüche ziehen allerdings auch hier bisweilen Querelen nach sich.

1984 zieht Celibidache nach einer krankheitsbedingten langen Dirigierpause [1] gegen den Orchesterdirektor Hubertus Franzen und den Kulturreferenten Jürgen Kolbe zu Felde. Er fordert den Oberbürgermeister Georg Kronawitter auf, sie von ihren Kompetenzrechten zu entbinden und sämtliche Verpflichtungen mit Gastdirigenten, die ohne seine Billigung zustande kamen, zu annullieren. Das aber lehnt der Oberbürgermeister, der keinen Mitarbeiter opfern und nicht als vertragsbrüchig dastehen will, ab. Celibidache erklärt daraufhin sein Wirken in München für beendet. Aber damit ist noch nicht das allerletzte Wort gesprochen. Im Januar 1985 kommt es doch noch zur Versöhnung, nachdem die Presse, Hochschulprofessoren, das Orchester, Freunde Celibidaches und Musikenthusiasten für seinen Verbleib gekämpft – und ihn persönlich gebeten haben, das Orchester nicht im Stich zu lassen. Celibidache, der sein Orchester nach eigenen Aussagen vermisst hat, verzichtet auf seine Forderungen, die Stadt zeigt Entgegenkommen. [2]

Ein dreiviertel Jahr später, im September 1985, kommt es noch ein weiteres Mal zu Streitigkeiten. Mit einer neuen Geschäftsordnung entmachtet Celibidache diesmal den Orchesterdirektor Franzen, der ab sofort nur noch Verträge mit Künstlern abschließen darf, die Celibidache bestimmt. Am Ende gibt Franzen seinen Posten auf Wunsch des Orchesters auf. Die Musiker waren mit ihrem Direktor schon länger unzufrieden, wie Klaus

Weiler analysiert, dies vor allem, weil sich Franzen taktlos über Celibidaches Krankheit geäußert hatte.[3]

Für Schlagzeilen sorgt überdies der Fall Abbie Conant: Celibidache stuft die amerikanische Posaunistin von der ersten auf die zweite Position zurück. Die Degradierte klagt dagegen und gewinnt den Prozess 1988 nach sechs Jahren langwieriger Gerichts- und Prüfungsverfahren, 1991 erstreitet sich die Musikerin zudem dieselbe Vergütungsgruppe ihrer männlichen Kollegen und zwei weitere Jahre später auch noch den Dienstalterzuschuss, der bis dahin nur Männern zustand. Die Disharmonie mit Celibidache führt gleichwohl dazu, dass die Musikerin nach ihren gewonnenen Prozessen das Orchester verlässt und sich auf eine Professur in Trossingen zurückzieht.

Der Maestro gilt nach dieser Auseinandersetzung als »Frauenfeind«.[4] Eine Frauenvereinigung verlangt vom Münchner Oberbürgermeister die Entlassung des Dirigenten, der *Spiegel* verurteilt den Künstler, weil Musikerinnen angeblich generell nicht in sein Weltbild passten, die Kino-Dokumentation *Allein unter Männern* (1994) zeichnet den Fall ironisch nach.

Ungeachtet der Frage, ob der Posaunistin persönlich Unrecht geschehen ist, spielen unter Celibidaches Leitung bei den Münchner Philharmonikern immerhin siebzehn weibliche Mitglieder, darunter die Harfenistin Han-An Liu und die Geigerin Ilona Cudek, zwei von ihm hochgeschätzte Musikerinnen und Mitwirkende an diesem Buch.

Ende der 1980er Jahre ebben die Schlagzeilen allmählich ab. Anlässlich seines 80. Geburtstags wird Celibidache – ein Jahr zuvor ausgezeichnet mit dem Großen Bayerischen Verdienstorden – 1992 Ehrenbürger der Stadt München. Bis 1995 bereist er mit seinem Orchester die ganze Welt inklusive der damaligen UdSSR, Japan, Israel, Lateinamerika und Ostasien.

Sein letztes Konzert im Juni 1996 wird – wiewohl niemand ahnt, dass er niemals mehr dirigieren würde – zu einem seiner größten Erfolge in seinem gesamten Künstlerleben, wie Biograf Klaus

Weiler bilanziert.[5] Den Hauptblock dieses Abends nach der Ouvertüre zu Schuberts *Rosamunde* und Mozarts Klavierkonzert KV 466 mit dem rumänischen Solisten Dan Grigore bildet Beethovens zweite Sinfonie. »Da war er wieder, der satte, warme Streicherklang der Philharmoniker, da waren die wunderbar sich frei artikulierenden Bläser, da wurde ein Werk bis zum Grund durchleuchtet, als beuge man sich über ein klares Wasser«, begeistert sich die Kritikerin Beate Kayser in der *tz*.

In der *Abendzeitung* schwärmt Roland Spiegel: »Celi ist wieder da, und die Münchner feiern ihn [...] Mit Beethoven und Schubert fegte der dreiundachtzigjährige Maestro, der wegen seiner angegriffenen Gesundheit in letzter Zeit mehrmals Auftritte absagen musste, alle Zweifel an seiner Schaffenskraft beiseite.«

Am 14. August 1996 stirbt Celibidache im Alter von 84 Jahren in Neuville-sur-Essonne bei Paris.

Anmerkungen:

1 Im Sommer 1984 erkrankte Celibidache schwer an Gicht.

2 Siehe Klaus Weiler: *Celibidache-Musiker und Philosoph*. S. 150f.

3 Ebda. S. 147f.

4 Siehe Klaus Lang: *Celibidache und Furtwängler*. S. 291.

5 Siehe Klaus Weiler: *Celibidache – Musiker und Philosoph*. S. 199.

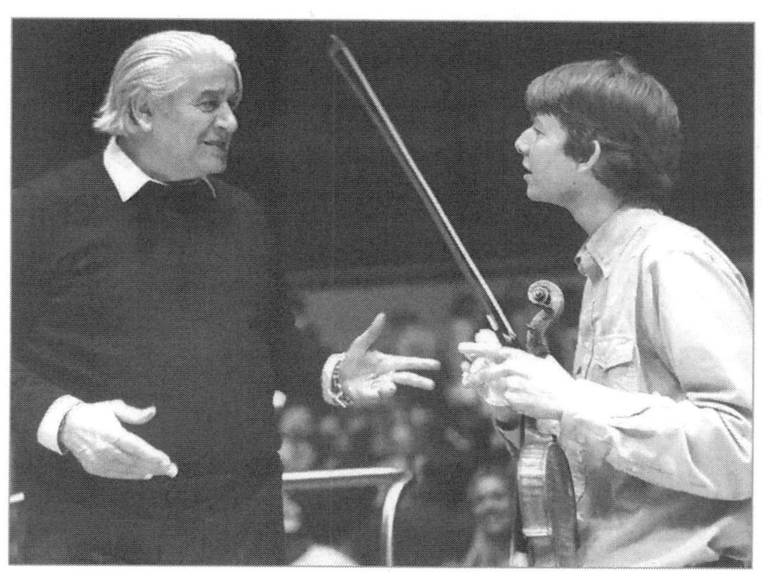

Sergiu Celibidache und Ingolf Turban
Generalprobe zu dem Sibelius-Violinkonzert
in der Münchner Philharmonie, 09. April 1986

Ich bin Celi – du bist Turbi

Ingolf Turban

Als der Geiger das Probespiel bei den Münchner Philharmonikern 1985 besteht, ist Celibidache 73 Jahre alt. Ingolf Turban ist zu diesem Zeitpunkt mit 21 Jahren außergewöhnlich jung, zumal in der hochrangigen Position des Ersten Konzertmeisters. Celibidache könnte sein Vater oder Großvater sein. Intensiv beschäftigt hatte sich Turban mit dem Maestro bis dahin noch nicht, begibt sich folglich vorurteilsfrei und unbelastet in die Zusammenarbeit, wiewohl er vor dem Souverän auch etwas Angst hat. Schließlich geht die Presse mit dem »vulkanischen Temperament« oft sehr hart ins Gericht, und Celibidache zieht Menschen magnetisch an, die seine Marotten »fantastisch imitieren können«, seinem Ruf aber nicht förderlich sind. Etliche von ihnen kreisen »wie Monde um das Fixgestirn, haben mir den Mann aber nicht sympathischer gemacht.« Umso mehr rührt es Ingolf Turban, dass er die »richtige Chance erhält, mit Celibidache, unter ihm und in seiner ganzen Aura Musik machen zu dürfen.«

»Ich bin Celi – du bist Turbi«: Mit diesen Worten nimmt der Meister den Neuling unter seine Fittiche, auf Anhieb duzt er ihn selbstverständlich. Darauf folgt eine Prophezeiung: »Ich habe gehört, du willst für ein Aufbaustudium nach Amerika gehen, aber es ist besser, wenn du zuerst bei mir lernst.« Seine Solo-Laufbahn könne »Turbi« danach schließlich immer noch starten. »Erschütternd schön, verwirrend, direkt, in jedem Sinne auch magisch«, wirkt diese Ansage auf den jungen Musiker, dessen Hochschul-Diplom erst sechs Wochen nach dem Probespiel folgen sollte. Jegliche andere Ambitionen treten damit unweigerlich in den Hintergrund. So eine gewaltige Aufgabe muss ein Orchester-Neuling erst einmal verarbeiten.

Dass Celibidache mit seiner Prophezeiung recht behalten sollte, steht auf einem anderen Blatt.

Celibidache bringt Musiker dazu, aufeinander zu hören wie in der Kammermusik, auch wenn das Orchester 110 oder 120 Mitwirkende zählt, darin liegt für Turban seine Einmaligkeit. Dieses Aufeinander-Achten bedeutet allerdings nicht, pauschal festzulegen, wer Piano, Mezzoforte oder Forte zu spielen habe, zumal – und das ist nach Turbans Einschätzungen Celibidaches Kernaussage – niemand wissen kann, was eigentlich ein Forte oder ein Piano ist. Allein auf die Balance zwischen den Stimmen kommt es an, auf das Gefüge. Jeder solle deshalb »mitdirigieren im Sinne von an vorderster Front mitagieren, ganz gleich, ob er weiter vorne sitzt oder hinten.« Von einem hierarchischen Denken, das dem Maestro oft unterstellt wird, ist Celibidache folglich weit entfernt, folgert Turban: »Er greift eigentlich nur ein, wenn er korrelieren, also sagen will: du ein bisschen mehr, du weniger.«

Eine besondere Nähe entwickelt sich zwischen Geiger und Dirigent, als Celi nach einem Zerwürfnis mit der Stargeigerin Anne-Sophie Mutter[1] Turban zum Solisten für Jean Sibelius' Violinkonzert ernennt. »Er kannte mich eigentlich gar nicht, aber kannte er mich wirklich nicht oder hat er mich nur sehr schnell kennen wollen?«, fragt sich der Geiger im Nachhinein. Das damit verbundene große Vertrauen jedenfalls hat Turban stark geprägt, »und diese Bedingungslosigkeit, auch diese Kompromisslosigkeit, hat mich unendlich beschenkt, weil sie so geradlinig ist.«

In Vorbereitung auf dieses Konzert kommt es nach einer Orchesterprobe spontan zu einer privaten Probe in Turbans Elternhaus. In seinem schon etwas klapprigen, alten Auto nimmt Turban den Maestro vom Münchner Gasteig nach Hause mit.

Die Probe ereignet sich im Wohnzimmer der Familie. Ingolfs Mutter spielt den Orchesterpart auf dem Klavier, Celi »macht ein paar Bewegungen dazu.« Turban spielt das gesamte Sibelius-Konzert einmal durch und staunt nicht schlecht, dass der Meister entgegen seinen Gewohnheiten nur selten einmal abbricht. Er hatte damit gerechnet, dass Celi in allen Takten etwas einwenden würde, stattdessen sagt er nur, Turban solle diese oder jene Stelle noch ein-, zweimal wiederholen. Der junge Musiker weiß nicht wie ihm angesichts des zufriedenen Meisters geschieht. Ist ihm als einem noch »so unreifen Solisten« die Wiedergabe schon so geglückt? So erfüllend kann sich also eine Zusammenarbeit mit Celibidache anlassen.

Eine bezaubernde Momentaufnahme, die damals entsteht, zeigt Dirigent und Solist liebevoll einander zugewandt wie Vater und Sohn, sichtlich getragen von einem großen Einvernehmen und der Dankbarkeit des Jüngeren, von dem weisen Älteren zu lernen.

Am Ende spielt Turban das Sibelius-Violinkonzert an vier Konzert-Abenden, als wäre er »selbst gar nicht der Solist«. – »Ich war nicht einmal nervös, hätte allen Grund gehabt, es aufgrund der mangelnden Konzerterfahrung zu sein, überdies war die Philharmonie ein neues Gebäude in München«, erinnert er sich. Alle Abende sind ausverkauft, zweieinhalb Tausend Menschen sitzen im Saal. Mitgeschnitten wird das Konzert, das für Turban einen großen Erfolg bedeutet auch, es ist gewissermaßen »ein solistischer Ritterschlag des großen Maestros«, bei dem sich Turban geborgen fühlt »wie in Abrahams Schoß.« Danach rührt der Geiger das Konzert 25 Jahre lang nicht mehr an, »weil es so schön und einzigartig war, dass das auch so bleiben sollte.«

Die vielleicht schönste Episode aus dem großen Erinnerungsschatz von Ingolf Turban belegt Celibidaches Großzügigkeit. Sie trägt sich auf einer Konzertreise in Spanien zu. Allein schon, dass Celibidache immer mit dem Orchester reist und sich nie wie die »Jetset-Dirigenten unserer Tage« in einem anderen Flugzeug privat absetzt, wertet Turban als »extrem sozial«, Celibidache »war immer mit uns unterwegs.«

Ein Dialog im Frühstücksraum eines Hotels auf einer Konzertreise in Madrid steht beispielhaft dafür. Celibidache eröffnet ihn am Tisch des Geigers: Wie geht es dir? Turban: Danke, gut Maestro. Celibidache: Nein, dir geht es nicht gut, irgendetwas plagt dich. Turban: Es ist lächerlich darüber zu reden, aber ich habe keine Manschettenknöpfe, ich habe sie zu Hause liegen lassen, und jetzt kann mir niemand aushelfen und ich weiß nicht, was ich machen soll. Aber ich werde schon eine Lösung finden. Celibidache: Komm nach dem Frühstück in mein Zimmer!

Der Geiger folgt der Aufforderung, ist aber peinlich berührt, dass er die Bagatelle überhaupt erwähnt hat. Als die Tür aufgeht, streckt der Maestro ihm seine geöffnete Hand mit zwei wunderschönen goldenen Knöpfen entgegen: »Nimm!« Dankend steckt Turban sie ein. Selbstverständlich will er sie nach dem Konzert zurückgeben. Aber Celi winkt ab: »Ach was, sie gehören dir!« Turban ist das sichtlich unangenehm, aber der Meister besteht darauf, dass der junge Kollege die Knöpfe als Geschenk annimmt.

Bis heute hält der Geiger sie in Ehren, in jedem Konzert stecken sie an seinem Hemd.

»Celi hat sich immer ganz verschenkt«, sagt Turban, auch im Künstlerischen, blieb er doch stets hinter dem Werk zurück, »er war nicht dominant, und das war in seinem tiefsten Grund sein Ziel, so hat er uns und mich persönlich erzogen.«

Es sind immer wieder solche Ambivalenzen und Widersprüche, die Celibidaches Persönlichkeit ausmachen: Einerseits ist er »ein unglaublicher Magnet, der einen Raum ganz einnimmt, wenn er ihn betritt.« Aber zur gleichen Zeit, analysiert Turban, habe er auch »immer versucht, seine Person hinter die Musik zu stellen«, und das war für den Geiger eines der prägenden Erlebnisse: »War ich auf Wolke sieben mit der Achten Bruckner, dann habe ich nicht mehr gewusst, wer sie eigentlich dirigiert.«

Das »größte, schönste, höchste und unwiederbringliche Glück bei Celibidache war, dass man bei Sternstunden über nichts mehr nachdachte«, meint Turban, »dann ist ›es‹ geschehen und dann hat ›es‹ geklungen.«

Freilich lernt Turban auch den cholerischen Celi kennen, bei dem sich – bahnt sich eine brenzlige Situation an – »unendliche Abgründe« auftun konnten. Reizt ihn irgendetwas, »dann bricht bei ihm der Vulkan aus, dann gibt es kein Halten mehr und keine Logik.« Das »emotionale Pendel ist riesig groß und kann zu jeder Zeit in Extreme ausschlagen.« Turban zitiert Celibidache mit seinen eigenen Worten: »Wen ich liebe, dem gebe ich das letzte Hemd und wen ich hasse, dem steche ich das Messer in den Rücken.« Und doch: Wenn er auf dem Podium Platz nimmt, wirkt Celibidache, nunmehr im hohen Alter, wie ein Fels in der Brandung, in sich ruhend und gelassen.

Turban schmerzt es, dass sich im Orchester Kolleginnen und Kollegen finden, »die sich mit ihrem Chef nicht in der Harmonie befinden können« wie er. In seiner schwierigen Rolle als Konzertmeister muss er um Ausgleich bedacht sein. Weitgehend gelingt das dank des guten Verhältnisses zwischen Musiker und Dirigent ohne gravierende Loyalitätskonflikte.

Turban erinnert sich auch an paradoxe und unfreiwillig komische Momente in Proben: Wenn es zum Beispiel immer noch nicht leise, nicht entspannt genug klingt, schaut Celi seine Streicher mit riesigen Augen an und verlangt, man solle »nichts« mehr hören. »Dann tanzen unsere Nerven auf drei Bogenhaaren, die übrig geblieben sind, um dieses Nichts zu realisieren, und dann geht durch die Probe immer noch ein Zischen ›locker, entspannen!‹« Aber entspannen unter diesem Erwartungsdruck? Das muss man erst einmal hinbekommen!

Letztlich setzt sich Celis klangliche Vision aber doch immer durch, und das ohne jedwede Eitelkeiten oder Showeffekte. Seine sparsamen Zeichen wirken »komplett natürlich und der Sache dienlich, seine markante Mimik passt immer dazu.« Nicht selten kommt es vor, dass er überhaupt nicht dirigiert, dann »steht er da und der Karren läuft, das ist eine unglaubliche Freiheit!«

Turban ist bewusst, dass Celi Recht hat, wenn er sagt, »das Tempo« gäbe es ebenso wenig wie »das Forte oder Piano«, es sei vielmehr an der jeweiligen Akustik des Raumes auszurichten. Und er versteht, dass Celibidache die Musik oft langsam entwickelt, damit das Ohr insbesondere bei großen Tutti-Akkorden alles – auch Obertöne – wahrnehmen kann.

Als für Ingolf Turban der Abschied von den Münchner Philharmonikern naht, sagt Celi in Erinnerung seiner Prophezeiung, er würde nicht vor Freude tanzen, aber: »Ich habe es gesagt und du musst es tun.« So war er, sagt Turban, »immer geradeaus. Hinreißend.«

Zu der Begegnung mit Ingolf Turban kam es 2011.

Zur Person:
Ingolf Turban wurde am 17. März 1964 geboren und wuchs in einer künstlerischen Familie auf. Seine Mutter war Pianistin, sein Vater ein musikbegeisterter Mediziner und seine Schwester Dietlinde – später Ehefrau des Dirigenten Lorin Maazel – Schauspielerin. Im Alter von zwölf Jahren wurde Ingolf Turban Schüler von Gerhart Hetzel, dem damals Ersten Konzertmeister der Wiener Philharmoniker. Nebenher besuchte er Kurse bei Jens Ellermann und Dorothy DeLay. 1985 wurde er Erster Konzertmeister bei den Münchner Philharmonikern. 1988 verließ Turban das Orchester und begann eine erfolgreiche Karriere als Solist. 1991 debütierte er an der Mailänder Scala und in Washington. 1995 übernahm er eine Geigenklasse als Professor an der Musikhochschule in Stuttgart. 2006 wechselte er als Professor an die Musikhochschule München. 2005 gründete er das Kammerorchester *I Virtuosi di Paganini.* Außerdem ist Turban Mitglied des Deutschen Streichtrios. 1999 wurde er mit dem Günther-Klinge-Kulturpreis der Gemeinde Gauting ausgezeichnet.

Anmerkungen:

1 Die Konflikte in der Probenarbeit hat Klaus Weiler in seiner Biografie *Celibidache – Musiker und Philosoph* dokumentiert. Die Probleme lagen im Tempo. Anne-Sophie Mutter wollte den langsamen Satz deutlich schneller spielen. Weiler zitiert Celibidache mit folgendem Kommentar: »Da steht bei Sibelius nicht ›Adagio molto‹, sondern ›Adagio di molto‹ auf Achteln. Wenn Sie aber nicht auf den Wohlklang der Hörner achten und das spielen, als ob es vier Trompeten wären, dann hat man was nicht? Sie haben nicht Sibelius gespielt. [...]Hellseherisch begabt wie ich bin, habe ich [Anne-Sophie Mutter] gefragt oder fragen lassen, ob sie wirklich ›Adagio di molto‹ spielt. Dreimal, bevor sie herkam. Und es wurde gesagt: ›Ja, nur Adagio di molto‹. Kommt her und spielt alles ›Allegretto‹. Stellen Sie sich vor, dieser schwerfällige, nordische Mensch, mit Vorliebe für dunkle Farben, dieses Blau, Rauchlicht [...] Nichts von Musik kann man wissen und doch Karriere machen. Das ist die Welt, in der wir leben.«

Der denkbar beste Chef

Interview mit Michael Martin Kofler

Der Flötist kam 1987 zu den Münchner Philharmonikern, das Interview stammt vom Frühjahr 2022.

Kirsten Liese: Wie erlebten Sie den ersten Einsatz in Konzerten unter Celibidache?

Michael Martin Kofler: So unbekümmert, wie ich damals in meinen jungen Jahren gewesen bin, würde ich von einer Vorfreude reden.

Celi verlangte natürlich höchste Konzentration, für ihn selbst war vermutlich das Konzert gar nicht so wichtig. Ich könnte mir vorstellen, dass er zufrieden gewesen wäre, wenn er nur hätte probieren können, um sich mit der Musik als solches zu beschäftigen.

Mir kommt eigentlich nur ein anderer Dirigent in den Sinn, der vergleichbar akribisch probte: Jewgeni Mrawinski. Der Russe setzte ein Konzert kurzfristig erst an, wenn er nach langer, intensiver Probenarbeit zufrieden war. Dann hat er gesagt: »Heute Abend konzertieren wir«, und dann war der Saal voll. Persönlich habe ich ihn zwar nicht erlebt, aber Kollegen von den Sankt Petersburger Philharmonikern – vormals Leningrader – haben mir von seiner Arbeitsweise berichtet.

Kirsten Liese: Wie reagierte Celibidache, wenn sich im Konzert ein Malheur ereignete oder ein Detail nicht so glückte?

Michael Martin Kofler: Das war situationsabhängig. Ich erinnere mich zum Beispiel an ein Konzert mit Tschaikowskys Vierter, bei der ich im ersten Jahr nach dem Herzinfarkt eines Kollegen kurzerhand einspringen musste. Ich hatte diese Sinfonie noch nie zuvor gespielt, mich aber bestmöglich vorbereitet. Im letzten Satz ist mir ein kleiner Schnitzer untergekommen: Da habe ich an einer Stelle einen Takt zu früh eingesetzt und sechzehn Takte quasi im Kanon mit den anderen Holzbläsern gespielt. Zum Glück fiel das nicht so auf. Erst nach den sechzehn Takten hat das Zusammenspiel nicht mehr funktioniert. Mich hat aber keiner von den Kollegen gewarnt, ganz überzeugend habe ich das durchgezogen. Am Ende des Konzerts blieb Celi, der zu der Zeit schon sehr langsam ging, am Tor vor der Bühne stehen, wo man ihn nicht mehr gesehen hat, wartete auf mich und flüsterte mir augenzwinkernd zu, wir beide seien richtig gewesen, alle anderen falsch. Er besaß durchaus Humor!

Aber er konnte auch ärgerlich werden so wie 1988 im Kreml bei einem Konzert anlässlich eines Treffens von Helmut Kohl und Michail Gorbatschow. Da haben wir in einem sehr lauten Saal gespielt. Celi wünschte sich die Holzbläser in Brahms' Vierter immer noch leiser und leiser, bis wir fast gar nicht mehr gespielt haben. Viele Kollegen waren genervt. Da kam einer zu mir und sagte, wir spielen einfach ein bisschen mehr. Celi blieb das natürlich nicht verborgen und war darüber gar nicht amüsiert.

Auch wenn einmal die Gruppe der zweiten Geigen zu laut war, konnte er sich darüber sehr ärgern, dann war für ihn das Konzert gelaufen.

Kirsten Liese: Es ist kein Geheimnis, dass Bläser in Spitzenorchestern oftmals aufgrund ihrer Exponiertheit als Solisten und der damit verbundenen starken nervlichen Belastung zur Flasche greifen. Wie war das bei den Münchnern, hat Celibidache es verstanden, da ein wenig den Druck aus dem Kessel zu nehmen?

Michael Martin Kofler: Es gibt tatsächlich Kollegen, die sich einen Wahnsinnsdruck machen, ich selbst habe mich davor verschont, da ich gesund alt werden will. Man bemüht sich immer das Beste zu geben, befindet sich aber nicht jeden Tag in bester Form, das ist wie bei Sportlern. Man sollte es sich nicht zu sehr zu Herzen nehmen, wenn einem eine Stelle mal weniger gut gelingt, das kommt vor, das ist menschlich.

Das hat Celi meines Wissens auch so gesehen. Und er hat Rücksicht auf einzelne Spieler genommen, wenn zum Beispiel die Flöten etwas zu sagen hatten, achtete er darauf, dass die anderen sie so begleiteten, dass man sie gut hören konnte. Das ist keineswegs selbstverständlich, heute nehmen Dirigenten darauf wenig Rücksicht. Oft ist es so, dass eine Flötenstimme sich allein gegen 45 Streicher durchsetzen muss.

Verständnis zeigte Celi auch für ältere Kollegen, die mit den jüngeren nicht mehr so mithalten konnten. Gerade als ich ins Orchester kam, gingen mehrere Mitglieder, die unmittelbar nach dem Krieg ins Orchester gekommen waren, in Pension.

Kirsten Liese: Wie gestaltete sich der Anfang einer Probe bei Celibidache, gab es da ein bestimmtes Ritual?

Michael Martin Kofler: Wenn er zwischenzeitlich ein paar Wochen mit uns nicht gearbeitet hatte, erkundigte er sich immer, wie es geht und wie die letzten Wochen waren. Die Proben begannen also fast ein bisschen wie ein Smalltalk.

Es waren immer viele Zuhörer zugegen, die den Meister sehr verehrten. Er hat einen großen Fanclub gehabt. Diese Leute scharten sich in den Pausen um ihn, etliche darunter begleiteten uns auch auf den Reisen. Ich kann mich zum Beispiel an eine Südamerika-Reise erinnern, wo die Celi-Anhänger in unserer Charter-Maschine mitgeflogen sind. Sie kamen von überall her.

Kirsten Liese: Wie bedeutsam waren die Fans für Celibidache?

Michael Martin Kofler: Meiner Einschätzung nach hat er sich gefreut, dass sie zahlreich erschienen, aber zur Selbstbestätigung brauchte er sie nicht. Der Erfolg war ihm ohnehin überall sicher. Wir haben Konzerte mit ihm gehabt, zum Beispiel 1990 in der Suntory Hall in Japan, da applaudierte das Publikum fast eine halbe Stunde lang. Wer außer einem populären Star wie Luciano Pavarotti konnte sich schon im Klassikbetrieb eines vergleichbar langen Beifalls erfreuen? Nachdem wir uns längst in der Garderobe umgezogen hatten, ging Celi immer noch unter anhaltendem Applaus alleine auf das Podium. So ein Erlebnis vergisst man seinen Lebtag nicht. Ich kann mich auch nicht erinnern, dass ein Konzert mit ihm nicht ausverkauft gewesen wäre.

Kirsten Liese: Wann haben Sie zum letzten Mal mit Celibidache musiziert?
Michael Martin Kofler: Mein letztes Konzert unter ihm spielte ich an meinem Geburtstag ein Jahr vor seinem Tod: Auf dem Programm stand das Klarinettenkonzert von Mozart mit Martin Spangenberg, meinem Freund aus dem Orchester, als Solist. Außerdem brachten wir die Ouvertüre zu Rossinis *Diebischer Elster* und Beethovens achte Sinfonie. Es war natürlich etwas Besonderes, wenn Celibidache einen Orchestermusiker hat solistisch auftreten lassen. Mit mir war das auch geplant, aber dazu kam es leider nicht mehr.

Kirsten Liese: Es gab nur wenige prominente Solisten, mit denen Celi konzertieren wollte: Arturo Benedetti Michelangeli und Daniel Barenboim zählten in der Münchner Zeit dazu.
Michael Martin Kofler: Nun war Celi nicht der begnadetste Begleiter. Vielleicht tue ich ihm Unrecht, aber ich bin mir nicht so sicher, ob er auf andere Musiker hat eingehen können, weil er selbst so eine starke Vorstellung von allem hatte. Nur bei Michelangeli akzeptierte er, dass er sich noch kapriziöser gab als er selbst: Da durfte niemandem ein Lachen unterkommen, aber auch keine zu ernste Miene, die Temperatur im Saal musste exakt 21 Grad betragen – vollkommener Irrsinn. Aber das war meines Wissens der einzige Musiker, den Celibidache über alles schätzte.

Ich rechne es Celi vor allem aber hoch an, dass er die Arbeit mit den eigenen Orchestersolisten so ernst genommen hat. Als ich das erste Mal 1988 die vierte Sinfonie von Brahms unter ihm gespielt habe, hat er mich ein paar Monate vorher zu einer Solo-Probe bestellt. Da hat er mit mir ganz allein das bekannte Flötensolo im vierten Satz gearbeitet und mir Monate Zeit gegeben, das zu verinnerlichen.

Ich habe die Vierte dann sehr oft mit ihm gespielt, so an die zwanzig Mal im Laufe von mehreren Jahren und er schien jedes Mal sehr glücklich.

Er hat sich für viele junge Leute die Zeit genommen und uns vermittelt, was ihm wichtig war, weil er wusste, dass uns die Erfahrung fehlte.

Kirsten Liese: Er brachte sich in die Orchesterarbeit ohnehin besonders stark ein.

Michael Martin Kofler: Celi ist einfach ein wirklicher Chef gewesen. Wir waren das einzige Orchester, das er von 1979 an gehabt hat, das von Weizsäcker initiierte *Versöhnungskonzert* in Berlin war eines der sehr wenigen Konzerte ohne uns. Celi hat achtzig Prozent unserer Konzerte abgedeckt. Das gibt es ja heute kaum noch, dass ein Chefdirigent oder Generalmusikdirektor derart präsent ist. Ich habe mir das mal aufgeschrieben: Im Jahr 1988 habe ich allein 37 Konzerte unter ihm gespielt. Celi kam auf 73 Konzerte. Wir waren seine Familie, so hat man das nie wieder erlebt. Er konnte ohne uns nichts machen, aber wir waren auch ein zusammengeschweißtes Team. Noch dazu hat er für das Orchester gekämpft: Er hat dafür gesorgt, dass wir mehr Stellen bekamen und die Verträge verbessert wurden.

Hinzu kam, dass Celibidache schon zehn Jahre älter war als die meisten Orchesterkollegen. So gesehen war er für uns ja fast schon so etwas wie ein Papa oder wie ein Opa.

Kirsten Liese: Für Ihr Instrument war natürlich die französische Musik des Impressionismus besonders dankbar.

Michael Martin Kofler: ... dies natürlich auch, weil Celi die Dynamik so stark ausreizte. Da lag eine unglaubliche Spannung in der Luft, weil wir zeitweise fast unhörbar leise gespielt haben.

So kann ich mich an ein Gastkonzert in der Kölner Philharmonie im Jahr 1994 erinnern, wo wir Werke von Ravel und Debussy musiziert haben: *Iberia*, *Rhapsodie Espagnole*, *L'apres midi d'un faune* und *Bolero*. Der *Bolero* beginnt mit dem

Flötensolo, da war der Solo-Schlagzeuger direkt vor mir positioniert, zwischen den Streichern und Bläsern, und Streicher haben einen halben Meter vor mir so leise gespielt, dass ich nicht wusste, ob die überhaupt spielen. Leider haben sich diese Nuancen in der Fernsehaufzeichnung nicht vermittelt. Das hat mich sehr enttäuscht.

Das war natürlich einer der gewichtigen Gründe, warum Celibidache jegliche Tonaufnahmen ablehnte. Er wusste, sie können kein Live-Erlebnis ersetzen.

Kirsten Liese: Wie erlebten Sie als Flötist die grandiosen Bruckner-Einstudierungen unter Celibidache?

Michael Martin Kofler: Für mich sind alle Bruckner-Sinfonien unter Celi legendär. Bei ihm hat die Musik einfach einen unglaublichen Aufbau gehabt, man hat genau gewusst, wohin die Musik geht. Bei anderen Dirigenten wurden die Stücke viel beliebiger musiziert. Auf dem Podium muss schon jemand stehen, der eine solche Struktur einfordert.

Mir ist aber auch ein Konzert innerhalb einer Orchesterreise unvergessen geblieben, das Celibidache absagen musste, nachdem er im Badezimmer seines Hotels ausgerutscht war und sich einen Oberschenkelhals gebrochen hatte. Eine Viertelstunde vor dem Konzert traf Zubin Mehta ein, um ihn zu vertreten. Und am folgenden Tag hat Mehta Bruckners Vierte im Wiener Musikverein übernommen. Er hat das Orchester einfach spielen lassen. Vorbereitet waren wir zu genüge. Es war unglaublich, das perfekte Konzert! Am Ende drehte Mehta sich zum Publikum um, stoppte den Beifall und sagte, er wisse nicht, was an diesem Abend passiert sei, aber er selbst habe nicht dirigiert.

Kirsten Liese: Das korrespondiert freilich mit Celibidaches Credo »Man will nichts, man lässt es entstehen«. Und für das Entstehen war wiederum die Emotionalität sehr entscheidend. Celibidache sagte, nur wenn er selbst von der Musik berührt sei, könne er andere berühren.

Michael Martin Kofler: Dafür, dass er so berührt werden konnte, war er unendlich dankbar. Wenn das Konzert zu Ende war, hat er sich leicht vor dem Orchester verneigt, und das Publikum hat das genau gespürt. Aber es gab auch Konzerte, nach deren letztem Ton niemand zu klatschen wagte, obwohl jedem bewusst war, dass das Stück verklungen war. Da war es sehr lange still.

Zur Person:
Michael Martin Kofler wurde 1966 in Villach geboren und studierte bei Wolfgang Schulz in Wien und Werner Tripp in Basel. Es folgten Meisterklassen bei Aurèle Nicolet und André Jaunet.

Bereits während des Studiums wurde er Soloflötist im Gustav-Mahler-Jugend-Orchester unter Claudio Abbado. Seit 1987 ist er in gleicher Position Mitglied der Münchner Philharmoniker.

Kofler gewann Preise bei internationalen Wettbewerben (ARD, Brüssel, Prag, Bari), die Kulturförderungspreise der Münchner Konzertgesellschaft und des Landes Kärnten, den Würdigungspreis des Österreichischen Wissenschaftsministeriums und den Kulturpreis seiner Heimatstadt Villach.

Seit 1983 gibt er weltweit Solokonzerte, Recitals und Kammermusikabende und ist ein gern gesehener Gast-Solist bei zahlreichen namhaften Orchestern.

Seit 1989 betreut er als Professor eine Konzertfachklasse mit größtem Erfolg in der Universität Mozarteum Salzburg und wird als Jurymitglied zu bedeutenden Wettbewerben eingeladen.

Faszination der musikalischen Phänomenologie

Han-An Liu

Diskriminiert der Maestro Frauen im Orchester? Die Harfenistin weist eine solche Annahme zurück, Celibidache erachte Musikerinnen und Musiker als absolut gleichwertig.

Sie selbst darf das von Anfang an erfahren. Allerdings braucht es zweier Anläufe, das Probespiel zu bestehen, weil die Münchner Philharmoniker für die Stelle zunächst eine Deutsche präferieren. Mit Celi hat das nichts zu tun, er spricht sich für Han-An Liu von Anfang an aus und besitzt für solche unterschwelligen Ressentiments sehr feine Antennen. Der Umstand, dass Liu als Ausländerin einen schwierigeren Stand bei ihrer Bewerbung hat, festigt die seelische Verbundenheit von Musikerin und Dirigent.

Aus heutiger Sicht mag eine solche Kleingeistigkeit, wie sie Han-An Liu zunächst erfährt, erstaunen. Schließlich hat sich der Wind in der Orchesterlandschaft längst gedreht, nahezu alle deutschen Spitzenorchester haben sich internationalisiert. So finden sich auch in den Reihen der Münchner Philharmoniker mittlerweile zahlreiche Mitglieder aus Asien sowie West- und Osteuropa, dies auch an den vorderen Pulten der Stimmführer.

Aber zurück zu Han-An Liu. Vor ihrem Einstand ist ihr viel über Celibidache zu Ohren gekommen. Ihre Stuttgarter Kollegin Ursula Holliger hatte ihr zugetragen, unter ihm werde sie nur ganz, ganz leise spielen dürfen, andere prophezeiten ihr, sie würde einen gnadenlos strengen, unberechenbaren, herrischen Despoten erleben.

Unter solchen Vorzeichen findet sich die Musikerin zu ihrer ersten Probe – geübt wird an Richard Strauss' Tondichtung *Don Juan* – durchaus angespannt ein. Was wird der Gigant Celibidache wohl an ihr auszusetzen haben?

Aber schon binnen Kürze stellt sie erleichtert fest, dass sie in ihm keinen Tyrannen, Egozentriker, Querulanten oder unausstehlichen Patriarchen kennenlernen würde. Vielmehr besitzt der Mann, dem sie nun leibhaftig gegenübersitzt, genau die gegenteiligen Eigenschaften: Er ist bescheiden, respektvoll gegenüber den Musikern und teilt die Ansicht, dass »das Ego beim Musizieren nicht zu viel Raum einnehmen« dürfe.

Solche Überzeugungen des Bekenntnismusikers werden auch anderweitig dokumentiert. Am Rande eines Kurses an der Universität Mainz soll Celi beispielsweise 1989 einem Journalisten gesagt haben: »Der Hunger nach Karriere, nach Ruhm und Generalmusikdirektorenmacht, der entfremdet, bringt weit weg von der Musik.«[1]

Dazu passt es, dass sich Celibidache am Ende eines jeden Konzerts vor seinem Orchester dankbar verneigt.

Vor allen Dingen fasziniert die Harfenistin an Celibidaches Musizieren seine einmalige Art des klanglichen Ausbalancierens zwischen den Instrumentengruppen. Hier geht es um die »Beschaffenheit der Instrumente«: Die tiefen Saiten auf einer Harfe oder einem Streichinstrument schwingen langsamer als die hohen, erklärt Liu, auch bei den Blasinstrumenten fallen die Schwingungen unterschiedlich aus. Entsprechend brauche es beim Zusammenspiel eine Angleichung: »Zum Beispiel erfordert das Solo einer Oboe von den Begleit-Instrumenten eine höhere Geschwindigkeit der Schwingungen als das eines Horns.« Je weiter die Instrumente in ihrer Tonhöhe auseinanderliegen wie im Extremfall eine Pikkoloflöte und ein Kontrabass, desto schwieriger wird dieses Ausbalancieren.

Mit solchen physikalischen und klanglichen Aspekten beschäftigt sich auch die »Phänomenologie der Musik«, die Celibidache aus der Philosophie Edmund Husserls ableitet. Es geht in erster Linie um die Bedingungen, unter denen Musik entstehen kann: die Wirksamkeiten eines einzelnen Tones, die Qualität der Intervalle und Obertöne sowie die Beziehungen von Dynamik, Raum und Tempo.

Auszugsweise soll der Lehrmeister Celibidache dazu aus seinem schriftlich präzise ausformulierten Vortrag, den er 1985 in der Ludwig-Maximilians-Universität in München gehalten hat, zu

Wort kommen: »Wir bemühen uns bei einem kleinen Stück wie *Ma mère l'Oye* von Ravel um eine unglaublich differenzierte Bogenführung, damit Obertöne vier Oktaven höher entstehen. Entstehen sie, höre ich sie, brauche ich in der physikalischen Zeit etwas mehr Zeit, um daraus eine Einheit zu machen.«[2]

Han-An Liu beschäftigt sich mit dieser Lehre ausgiebig, teilt ganz das Musikverständnis ihres Meisters, der sich alle Zeit der Welt lässt, die Musik zu entwickeln. Unter diesen Voraussetzungen können die Musiker eine Wachsamkeit und Sensitivität ausprägen, die für Details vonnöten sind: genau aufeinander zu hören, aufeinander zu reagieren, anzugleichen und damit das zu tun, was der Solitär gerne mit dem Wort »korrelieren« bezeichnet. Energetisch betritt die Seelenverwandte in jeder Probe einen Raum, in dem jeder frei agieren und sich geborgen fühlen kann. Eben das deckt sich mit einer von Celibidaches Grundüberzeugungen: Nur der Freie kann Musik machen!

Was Celibidache von anderen verlangt, löst er selbst ein, was zahlreiche sehr liebenswerte Episoden belegen. Zu den schönsten zählt jene, die sich – vermutlich in den 1960er Jahren – auf einem Markt in Venedig zugetragen hat, erzählt von seiner Ehefrau Ioana.[3]

Der Anblick zappelnder Fische, Krebse, Langusten, Hummer und Krabben bei einem Fischhändler dauern den sich überwiegend vegetarisch ernährenden Tierfreund Celibidache in Vorahnung des traurigen Schicksals, das sie im Kochtopf eines Feinschmeckers erwartet. Spontan entschließt er sich deshalb, dem Fischer seine gesamte Ware abzukaufen. Ungläubig fragt der Verkäufer nach, ob sein Kunde wirklich alles kaufen will. »Sergiu bestätigt, ›alles, alles!‹«, woraufhin der Fischer noch einmal erstaunt nachlegt, ob er denn das alles am selben Tag noch essen wolle. Aber ohne weiteren Kommentar nimmt Celi das Gefäß mit den armen Kreaturen, eilt auf eine Brücke, wirft alles in die Lagune und ruft dazu: »Es lebe die Freiheit!«

Noch eine weitere Geschichte bezeugt, dass Celibidache mitnichten ein Geldgieriger ist wie ihm in seinen Münchner Zeiten vielfach seiner hohen Gagen wegen unterstellt wird, wenn die Boulevardpresse wieder einmal titelt: »Das kostet uns unser Celi!« Han-An Liu sagt, dass Celi sein Geld großzügig an Bedürftige verteilt. Auch dafür findet sich in den Aufzeichnungen seiner Ehefrau Ioana eine exemplarische Geschichte. Auf der Rückreise einer Japantournee fällt den Eheleuten Celibidache auf, dass sie weit mehr Geld ausgegeben haben, als es sich anhand von Rechnungen nachvollziehen lässt. Aber das beunruhigt den Künstler nicht: »Wenn das Geld nicht mehr da ist, ist es ausgegeben worden, und wenn es ausgegeben wurde, war es nötig«, sagt Celibidache nur.[4] Als dann aber das Ehepaar ein Jahr später in demselben Hotel residiert, stellt sich heraus, dass sich die Notenscheine dort noch finden. Der Hotelier hat sie in jenem Umschlag aufbewahrt, in dem sie auf dem Zimmerschrank liegen geblieben waren. Und was macht Sergiu? Ohne zu zögern begibt er sich mit dem Umschlag in der Hand und seinem üblichen Lächeln im Gesicht ins Waisenhaus und übergibt den Inhalt dem Anstaltsleiter.[5]

Ein solch hohes Maß an Empathie seitens des Grandseigneurs wird auch den Münchner Philharmonikern zuteil, sagt Liu. Missglückt einem einmal eine Stelle, ist das nicht schlimm. Empfindlich reagiert Celi nur, wenn jemand nicht korrelieren will und damit das Gesamtgefüge stört.

Aber wie erklärt es sich, dass sich der Meister bisweilen von einer Minute auf die andere wegen einer scheinbaren Nichtigkeit von einem in sich ruhenden Fels in der Brandung zu einem speienden Vulkan wandelt? Vielleicht muss man sich dazu in der Kunst der Zen-Meditation auskennen, auf die sich Celibidache, der selbst viel meditiert, durchaus versteht. Jedenfalls klärt Liu mich auf, dass ein Zen-Meister bisweilen völlig unerwartet zum Schlag ausholt, um die Meditierenden wieder in die Wachsamkeit zu bringen.

Freilich umfasst Celibidaches Musizierverständnis Aspekte,

die Musiker landläufig nicht in ihrer Ausbildung erfahren, wie der einsame Kämpfer selbst anmerkt, insbesondere was die Zusammenhänge zwischen Raum und Zeit betrifft. Und wenn einst ein Großer wie Wilhelm Furtwängler der Zeit in der Musik gleichwohl doch den adäquaten Raum gab, geschah das wohl eher »instinktiv«, wie sich Celibidache in seinem Münchner Vortrag über die *Phänomenologie der Musik* erinnert: Im Hinblick auf eine Sinfonie von Beethoven habe er einmal Furtwängler gefragt, »Meister, wie schnell geht es hier?« Furtwängler habe wie selbstverständlich geantwortet, »was für eine Frage, je nachdem wie es klingt!« Die vom Komponisten vorgeschlagene Angabe Viertel = 42 war offenbar nicht relevant.[6] Das, so kommentiert Celibidache, sei in seinem Leben überhaupt eine der wichtigsten Aussagen gewesen.

Ein solches Verständnis zieht es unweigerlich nach sich, dass Celibidache die »klanglichen Proportionen« auf die jeweiligen Aufführungsorte abstimmt, diesbezüglich ist er sehr wählerisch, sagt Liu. Zu den präferierten Orten zählt an vorderer Stelle die Stiftskirche Sankt Florian bei Linz, langjähriger Lebensmittelpunkt Anton Bruckners, in der sich in idealer Weise alles wahrnehmen lässt, was diese zwischen jubelnder Lebensfreude und Daseinsschmerz changierende Musik samt gewaltigen Gipfelgängen, Bläserchören, Chorälen, Generalpausen und unendlich langen Phrasen von lyrischer Schönheit auf weiten Atembögen, ausmacht. Abgesehen davon, dass Sankt Florian den Brucknerianer Celibidache magisch anzieht, weil der Komponist dort tief unter der Orgel begraben liegt. Viele Stunden verbringt und meditiert Celibidache in der Gruft.

Zuletzt dirigiert er 1991 Bruckners Dritte an diesem Ort, danach ist es zu seinem großen Bedauern wegen umfangreicher Renovierungsarbeiten in der Kirche nicht mehr möglich, zumal Celi für seine Konzerte besondere Bühnenaufbauten verlangt. Damit seine große Orchesterbesetzung akustisch in idealer Weise Platz findet, bedarf es eines »übermannshohen Podiums und teilweiser Überbauungen des Altars und des wertvollen Chorgestühles.«[7]

Celibidaches letztes Konzert in Sankt Florian findet freilich begeisterten Widerhall. So schreibt beispielsweise Reinhard Kannosier am 25. September 1991 im *Tagblatt*: »Von den ersten Takten an entfaltete sich mit bezwingender Konsequenz ein unendlich wogendes Geflecht, durchsichtig und klar wie der herbstliche Nachthimmel im Freien. Die einzelnen Stimmen stiegen aus dem Nichts oder aus zitterndem Untergrund auf, gingen fließend ineinander über, verschmolzen zu intensiven Steigerungen und verschwanden wieder, woher sie gekommen waren.«

Allzu gerne würde Han-An Liu unter Celibidache in Sankt Florian Bruckners Achte spielen, in der die Harfen in besonderer Weise die Atmosphäre im langsamen Satz prägen. Dieser Traum geht jedoch wegen der Bauarbeiten nicht Erfüllung.

Ein weiterer wunderbarer Ort ist die Tokioter Suntory Hall, gesegnet mit einer idealen Akustik und einem sensitiven Publikum, das dem Orchester großen Respekt entgegenbringt und »den Raum des musikalischen Geschehens einmalig mit seinem konzentrierten Hören erweitert«, meint Liu.

Unvergessen ist ihr aber auch ein auf Video aufgezeichnetes französisches Programm in der Kölner Philharmonie mit Werken von Debussy und Ravel aus dem Jahr 1994. Wiewohl der Meister zu dieser Zeit bereits wegen gesundheitlicher Probleme nicht mehr im Stehen dirigieren kann, beeindruckt es Liu, wie stark er die Musik körperlich von seinem hohen Stuhl aus durchlebt. Man kann spüren, wie er innerlich dazu tanzt.

Eine Beschäftigung mit Celibidache erscheint gewiss unmöglich, ohne seine Spiritualität einzubeziehen. Er befindet sich auch in dieser Hinsicht in einer Balance, sagt die Harfenistin, ist der westlichen, abendländischen Glaubensrichtung ebenso verbunden wie der fernöstlichen, findet in der Basilika Sankt Florian ebenso die Ruhe für ein Gebet oder eine Meditation wie in einem asiatischen Tempel.

Wie stark sich Celibidaches Spiritualität auf das Musizieren auswirkt, wird für Liu vor allem in einer unvergesslichen Aufführung von Brahms' *Requiem* offenbar, die sie anrührend so beschreibt: »Es war, als hätte sich eine himmlische Tür geöffnet. Wir durften als Engel gesegnet ins Paradies eintreten und wollten es gar nicht mehr verlassen.«

Nach diesen Schilderungen kommt mir spontan der vierte Teil dieses Werks in den Sinn, der Chorsatz »Wie lieblich sind deine Wohnungen, Herr Zebaoth, meine Seele verlanget und sehnet sich nach den Vorhöfen des Herrn«, dessen Verse beispielhaft dafür stehen mögen, wie das bildliche Erleben dieser Musik genau mit dem Text harmoniert.

»Selten haben wir den Chor so lyrisch belebt gehört wie im vierten Satz, so spannungsvoll, leise, fließend«, schreibt dazu passend Wolfgang Schreiber 1993 in der *Süddeutschen Zeitung*, der zudem mit Verweis auf den Satz »Selig sind die Toten« ein »auch bei Celibidache so nicht oft gehörtes ›mystisches‹ Klangbild« ausmacht.

Weitere unvergessliche Konzerteindrücke verbinden sich für die Chinesin vorrangig mit französischen Impressionisten, allen voran mit Debussy, in dessen Musik ihr Instrument dankbar zum Tragen kommt. Die Suite *Iberia*, »reich an Poesie und Farben«, wäre da zu nennen. Und die Dichtung *La Mer*, zu der es eine ganz eigene Geschichte gibt. Offenbar braucht es die Ankunft von Han-An Liu im Orchester, damit die Münchner Philharmoniker zumindest einmal dieses Stück unter Celibidache spielen können. Was ist da los?

Wie Liu erfährt, kam es bei ihren Vorgängerinnen an der ersten Harfe, wann immer das Stück in Angriff genommen wurde, zu Problemen in einem bestimmten Takt, genau genommen bei Ziffer Zwei in der Partitur. Da tritt eine rhythmische Schwierigkeit im Zuge einer komplexen Steigerung inmitten unterschiedlicher Taktarten auf, bei denen Celibidaches Schlag offenbar mehrere Musikerinnen derart überforderte, dass der Dirigent schließlich die Proben abbrach und das Stück absetzte.

Mit Han-An Liu gelingt die vertrackte Stelle ohne Kraftanstrengung, das Konzert wird ein großer Erfolg: »Bis in die filigranen rhythmischen und dynamischen Details hinein haben die Philharmoniker das Werk unter Celibidache erarbeitet, um die von Debussy inszenierte mirakulöse Verwandlung des Naturphänomens ›Meer‹ in Tönen und Klängen transparent wiedererstehen zu lassen,« heißt es dazu 1991 in der *Süddeutschen Zeitung*.

Am Ende eines Konzerts sei sie stets guter Dinge gewesen, erinnert sich die Weggefährtin Liu, Celibidache habe ihr immer einen gewaltigen Energieschub gegeben. Diese Kraft habe sie nach seinem Tod drei Jahre lang schmerzlich vermisst, da wurde ihr erst »bewusst, wie kostbar alles war, was er einem gegeben hatte, man hatte es fast selbstverständlich hingenommen.« Die Dankbarkeit mündet schließlich in einen entscheidenden Neuanfang innerhalb der musikalischen Laufbahn. Liu verlässt das Orchester und widmet sich in ihrer Lehre an der Kölner Musikhochschule seither noch intensiver der *Phänomenologie der Musik*, um Celibidaches universale Weisheiten an jüngere Generationen weiterzugeben.

Zur Begegnung mit Han-An Liu kam es im Februar 2022.

Zur Person:

Han-An Liu wurde in Taipei (Republik China) geboren und kam im Alter von elf Jahren zur künstlerischen Ausbildung nach Europa. Sie studierte Klavier und Harfe in Salzburg, ergänzend dazu Literatur- und Kunstgeschichte. Weitere entscheidende künstlerische und didaktische Impulse erhielt sie von der Pianistin Tatjana Nikolajewa sowie von dem Dirigenten Nikolaus Harnoncourt in seiner Rolle als Musikpädagoge.

Als Trägerin des Würdigungspreises des österreichischen Kultusministeriums wechselte sie in den französischen Sprachraum und schloss die Meister- und Kammermusikklasse bei Professor Chantal Mathieu in Lausanne mit »Premier Prix« und »Licence de Concert« ab. Weitere Studien bei Professor Jacqueline Borot in Nizza und Paris rundeten ihre Ausbildung ab.

Ihr erstes Engagement führte Han-An Liu als erste Soloharfenistin 1984 zum Kölner Gürzenich-Orchester, 1990 wechselte sie in gleicher Position zu den Münchner Philharmonikern. Darüber hinaus bestreitet Liu seit 1991 die Konzertklasse für Harfe an der Staatlichen Hochschule für Musik und Tanz in Köln, eine weitere Professur führte sie als Lehrkraft von 2010 bis 2018 an die Kunstuniversität Graz.

2002 gab sie ihre Position bei den Münchner Philharmonikern auf. Meisterklassen und Sommerkurse gab Liu für das Goethe Institut Dublin in Irland, an der Royal Academy und am Royal College of Music in London, an der Sibelius-Akademie in Helsinki, an der Europäischen Akademie in Montepulciano, am Central Conservatory of Music in Beijing und an allen renommierten Universitäten Taiwans.

Mit großem Engagement unterrichtet sie seit 2002 »Aspekte der musikalisch-praktischen Phänomenologie« fachübergreifend für Instrumentalisten, Ensembles und Sänger. Als Mentorin ist sie für den Deutschen Musikrat und als Jurorin bei nationalen und internationalen Musikwettbewerben tätig.

Anmerkungen:

1 Siehe Harald Rufus Müller/Harald Eggebrecht/Wolfgang Schreiber: *Sergiu Celibidache*. Bergisch Gladbach 1992. S. 102.

2 Siehe Sergiu Celibidache. *Über musikalische Phänomenologie. Ein Vortrag.* Augsburg 2008. S. 44f.

3 Siehe Ioana Celibidachi: *Meine Erinnerungen an Celibidache*. Erschienen in der Schriftenreihe Celibidachiana II. Dokumente und Zeugnisse. Band 3. Augsburg 2010. S. 44f.

4 Ebda. S. 107.

5 Ebda.

6 Siehe Sergiu Celibidache. Über musikalische Phänomenologie. Ein Vortrag. Augsburg 2008. S. 49.

7 Siehe Tagblatt vom 25. September 1991.

In der Gunst des Maestros

Interview mit Ilona Cudek

Die Geigerin erlebte Celibidache in den letzten Jahren seiner großen Münchner Zeit. Das Interview führten wir 2022.

Kirsten Liese: Wie waren Ihre ersten Begegnungen mit Celibidache bei den Proben?

Ilona Cudek: Bei meiner ersten Probe nach einem frisch gewonnenen Akademie-Probespiel spielte ich am letzten Pult der zweiten Violine, auf dem Programm stand Bruckners Achte. Die Atmosphäre war sehr ehrfurchtsvoll, jeder hatte riesigen Respekt vor ihm. Celi wünschte guten Morgen, dann ging es gleich los. Weit kamen wir nicht, zwei, drei Töne, dann brach er ab, philosophierte und hielt einen kurzen Vortrag über die *Phänomenologie der Musik*. Ich hörte gebannt zu, verstand aber gefühlt nur die Hälfte seiner Ausführungen. Ich war damals gerade Anfang 20 und kam frisch vom Studium.

Zudem spielten wir ja alles soo langsam. Gefiel ihm musikalisch etwas gar nicht, rief er ärgerlich »Provinzorchester!«, worauf alle erschauderten.

Gleichwohl faszinierte es mich, wie dieser weise Mann über Musik sprach. Noch heute erfüllt es mich mit Stolz und Dankbarkeit, den Maestro erlebt zu haben.

Kirsten Liese: Wenn man gerade von der Musikhochschule kommt, gerüstet mit einem traditionellen Musikverständnis, bedeutete die Arbeit mit Celi sicherlich eine große Umstellung …

Ilona Cudek: Allerdings. Celibidache war der erste Dirigent, der in mein Leben trat, der Tonaufnahmen ablehnte. Er schärfte das Bewusstsein dafür, dass nur der Augenblick zählt und in derselben Form nie wiederkehrt.

Die Konzerte waren für mich übrigens körperlich sehr anstrengend. Wenn wir Bruckners Achte gespielt hatten, lagen zwei Stunden hinter uns. Aber das nahm ich gerne in Kauf, man war dann so erfüllt und berührt.

Kirsten Liese: Welche Aspekte in Celis Arbeit erscheinen Ihnen besonders wichtig?

Ilona Cudek: Entscheidend war seine differenzierte Behandlung der Orchester-Stimmen. Die Mittelstimmen zweite Violine und Viola waren ihm ungeheuer wichtig, oft im gemeinsamen Duo oder im Zwiegespräch. Man nahm die Werke dadurch viel differenzierter und durchsichtiger wahr, vor allem waren die Zwischenstimmen und Durchgänge klarer, die untergehen, wenn alle gleich laut spielen würden. Den Bass und die melodiegebenden ersten Violinen hört man sowieso. Das Hörvermögen sollte geschärft werden.

Oft rief er uns auch »Nicht lesen!« zu, das bezog sich auf den Notentext, wir sollten nicht an ihm kleben, sondern fühlen und hören.

Celi ließ oft auch einzelne Pulte vorspielen, was heute nahezu undenkbar erscheint. Er kannte jeden Einzelnen und hörte alles. Es musste in der Instrumenten-Gruppe auf den Zentimeter genau absolut an der gleichen Bogenstelle gespielt werden, außer bei den Tremoli in Bruckner-Sinfonien, wo jeder – um mit Celis Worten zu reden – »in verschiedenen Frequenzen« streichen sollte, damit sich der Klang auf dem atmosphärischen Teppich gut mischt. Das alles stand unter dem Motto »In der Ruhe liegt die Kraft« und »Der Weg ist das Ziel«.

Kirsten Liese: 1992 wechselten Sie dann ans erste Pult und wurden stellvertretende Stimmführerin.

Ilona Cudek: Das war natürlich noch interessanter, ganz vorne beim Maestro zu sitzen, so jung und als Frau! Damals waren ja nur wenige Frauen im Orchester.

Kirsten Liese: ... und Celibidache wurde nachgesagt, dass er Frauen im Orchester diskriminiert haben soll.

Ilona Cudek: Das kann ich nicht bestätigen. Der Maestro schätzte mich sehr, es hat riesigen Spaß mit ihm gemacht. Ich war stolz wie Oskar.

Kirsten Liese: Wie erlebten Sie den Menschen Celibidache?
Ilona Cudek: Er war sehr großzügig, half zum Beispiel Kollegen, die in Not waren, finanziell aus.

Kirsten Liese: Welche Erinnerungen haben Sie an Celis letzte Konzerte?
Ilona Cudek: Sie waren geprägt von großer Nervosität. Es kam vor, dass Celi am Pult schwächelte und ich vorne Angst hatte, dass er nach vorne umkippt.

Zur Person:
Ilona Cudek, geboren 1967 in Oberschlesien, kam 1981 nach Deutschland und studierte in München, Paris und in den USA. Sie ist Trägerin der Ehrenmedaille der Stadt Landau an der Isar und gewann mit ihrem *Cudek Quartett* mehrere erste Preise bei Wettbewerben sowie 1983 den Oberschlesischen Förderungs-Preis als jüngste Geigerin in Nordrhein Westfalen. Es folgten zahlreiche Meisterkurse bei internationalen Größen wie Leonard Bernstein, Max Rostal, Natalia Gutman, Hans Werner Henze oder dem Amadeus Quartett. Seit 1992 ist sie stellvertretende Konzertmeisterin der zweiten Violinen bei den Münchner Philharmonikern. Zum facettenreichen Repertoire der Geigerin zählen auch Volksweisen und Tangos sowie Werke der Stilrichtungen Blues, Jazz und Musik-Cabaret.

Begegnungen mit dem gelassenen, alten Celi

Interview mit Martin Spangenberg

Der Klarinettist erlebte Celibidache in seinen letzten Jahren bei den Münchner Philharmonikern. Unser Gespräch datiert vom Februar 2022.

Kirsten Liese: Sie kamen 1988 ins Orchester, als Celibidache die Münchner Philharmoniker schon fast zehn Jahre leitete. Wenn man Videoaufnahmen von Konzerten aus der Zeit sieht, fällt ins Auge, dass Sie sich beim Musizieren mit ihm sichtlich wohl gefühlt haben. Inwiefern hat er Sie geprägt?

Martin Spangenberg: An Celibidache hat mich vor allem die Art und Weise fasziniert, wie er Musik strukturiert. Obwohl meine persönlichen Vorstellungen von Stücken, die ich mit ihm gemacht habe, nicht immer deckungsgleich mit seinen waren, hat seine Arbeit am Werk doch meine Sichtweise auf das Stück geändert und erweitert. Immer, wenn zum Beispiel in einer Probensituation Phrasierung und Klang nicht organisch miteinander verbunden sind, merke ich, wie sehr ich durch ihn in diesen Sachen geschult und sensibilisiert wurde. Die Arbeit an solchen Details kann sehr trocken sein, und es überrascht mich immer wieder, dass sich gerade durch diese Genauigkeit die Möglichkeit eröffnet, im Konzert frei und mannigfaltig zu spielen.

Obwohl ich bei Celibidache viel gelernt habe, war ich ihm persönlich nie ganz eng verbunden. Celibidache hat das Stück gespiegelt, wirkte wie ein Regulativ, das ich angesichts des überzeugenden Ergebnisses sehr gut akzeptieren konnte. Wenn man acht Jahre mit jemandem zusammenarbeitet, geht es nicht um Lehrsätze, sondern um einen Prozess: Was bedeutet es, wenn der Meister »ja, so ist das« sagt? Es bedeutet, dass ich zu mir dann selbst »ja« sagen kann – und zwar aus innerem Erleben –, nicht weil der Guru es vorgebetet hat. In einem solchen Moment entspannt sich alles. Das zu spüren ist für mich das Allerwichtigste. In diesem Moment kommt »es« aus einem heraus, und ich habe das auch immer wieder mit unserem Orchester und in anderen Musikergruppen erlebt, dass »es« dann auch aus den anderen herauskommt. Celibidache hat das oft als »Mitdirigieren« bezeichnet und als solches von uns eingefordert.

Kirsten Liese: Celibidache wurde Zeit seines Lebens nachgesagt, dass er mitunter sehr zornig wurde und Orchestermitglieder stark brüskierte. Wurde er in den letzten zehn Jahren milder?

Martin Spangenberg: Es kam schon vor, dass er explodierte, aber zu meiner Zeit tatsächlich eher sehr selten. Dazu kam es nur, wenn er sich angegriffen fühlte. Er konnte schlecht mit provokantem Widerspruch umgehen, obwohl er selber manchmal provokant war. Aber er war zu meiner Zeit mehr ein in sich ruhender, abgeklärter Patriarch.

Ich fand es ein wenig merkwürdig, dass er uns alle duzte und selbst von uns mit Maestro angesprochen werden wollte, aber das hat mich nicht gestört. Denn er hatte ein außergewöhnliches Verantwortungsgefühl für »sein« Orchester, nicht nur künstlerisch, sondern auch was die Arbeitsbedingungen anging. Er war zum Beispiel in jedem Probespiel anwesend. Das ist wahrlich nicht immer ein Vergnügen, sich alle Kandidaten anzuhören. Dafür hat er sich aber immer die Zeit genommen. Die Entscheidung hat dann das Orchester getroffen, er war sehr offen und interessiert daran, den richtigen Kandidaten nicht nur für sich, sondern auch für das Orchester zu finden.

Kirsten Liese: Celibidaches Einsatzfreude und seine hohe Meinung über die Münchner Philharmoniker drückten sich zudem darin aus, dass er einzelne Musiker mit Solo-Konzerten hervortreten ließ. Mit Ihnen hat er Mozarts Klarinettenkonzert aufgeführt.

Martin Spangenberg: Ich war natürlich sehr glücklich, als ich das Angebot bekam, mit ihm das Mozart-Konzert in einer Konzertserie zu spielen. Ich wollte es unbedingt auf der Bassettklarinette spielen, die ich mir aber erst noch bauen lassen musste. Da war Celi anfangs nicht begeistert und fürchtete Probleme mit Stimmung und Intonation. Ich konnte ihn dann aber davon überzeugen, dass ich damit schon zurechtkommen werde, und dann sagte er: »Ok dann machen wir das.« Das war dann wie ein großes Indianer-Ehrenwort: Er vertraute mir, aber ich musste jetzt auch liefern. Glücklicherweise, konnte ich vor der Münchner Aufführung das Konzert einmal auf der neuen Bassettklarinette mit einem anderen Orchester spielen. Das Instrument verfügt über vier zusätzliche tiefe Töne, ähnlich wie bei Bassklarinette und Bassetthorn. Der Tonumfang auf der Bassettklarinette wird dadurch bis zum klingenden A, also der Tonika in A-Dur, erweitert, was die Charakterunterschiede zwischen Diskant und Baßstimmen viel besser als in der Klarinettenfassung zur Geltung bringt. Zudem mischt sich der etwas nasalere Klang der Bassettklarinette meiner Meinung nach besser mit dem Streicherklang. Ein bisschen Sorge hatte ich nur, wie ich damit zurechtkommen würde, wenn Celi das Stück arg langsam angehen würde.

Den ersten Satz haben wir dann zwar nicht ganz in meinem Wunschtempo, aber doch deutlich schneller gespielt, als ich erhofft hatte. Nach dem ersten Durchspielen war Celi sehr erleichtert und hat mich sehr gelobt, was natürlich zu meiner Entspannung beigetragen hat. Und dann fragte er mich, ob ich noch einen Wunsch hätte. Darauf sagte ich: »Maestro, vielleicht können wir es noch etwas schneller probieren?« Er darauf, ganz entgeistert: »Waas? Noch schneller?« Er hat dann sogar versucht, der Bitte nachzukommen, aber de facto sind wir dann doch im alten Tempo gelandet, und das war gar kein Problem für mich.

Er hat nicht an mir herumgedoktert, das hat er übrigens auch im Orchester nie gemacht, er hat immer nur den Rahmen vorgegeben, dies allerdings streng und konsequent. Wir Orchestermusiker sagen dazu, er hat nicht in das Solo hineingepinselt. Das ist keineswegs selbstverständlich. Es gibt manche Dirigenten, die sich sehr zurückhalten, wenn eine entscheidende Weiche für das Orchester zu stellen ist, aber gar nicht genug kontrollieren können, wenn man ein Solo zu spielen hat. Da ist Celibidache authentischer, wenn er sagt, es soll etwas entstehen, und dann auch annimmt, was entsteht. Wenn allerdings nur gespielt wurde, ohne richtig Bezug auf den musikalischen Kontext zu nehmen, und ohne den Anspruch, selbst etwas zum Entstehen des Ganzen beizutragen, konnte Celibidache unglaublich penetrant insistieren.

Kirsten Liese: Der Cellist Wolfgang Boettcher, der rund zwanzig Jahre früher in Stuttgart für ein Konzert von Hindemith als Solist unter Celibidache hervorgetreten war, erinnerte sich, dass an den Tempi nicht zu rütteln war. Würden Sie die Gelassenheit, die Sie mit ihm erlebten, im Kontext seiner Gesamtentwicklung sehen?

Martin Spangenberg: Ich finde schon, dass an den Tempi zu rütteln war. Man durfte nur nicht sagen: Das Tempo ist zu schnell, dann ging wenig. Wie ich schon darstellte: Man musste es auf einem Umweg probieren.

Im letzten Satz von Mozarts Klarinettenkonzert befürchtete ich zu Recht ein zu langsames Tempo im 6/8 Rondo. Da ich aber im Thema selbst führte, briefte ich die Stimmführer auf mein Tempo, spielte das einfach und schaute ihn dabei ganz freundlich an. Ein höchst zufriedener Celi sagte zu mir: »Wunderbar, wie du das spielst.« Und sang es dann in einem viel langsameren Tempo als wir gespielt hatten. Ich finde übrigens, dass es Daniel Barenboim im letzten Satz des d-moll Klavierkonzertes von Brahms in der Aufnahme von 1991 genauso macht, das kann man auf YouTube nachsehen.

Natürlich war Celi entspannter, weil er gerne junge Musiker gefördert hat. Da ist so ein junger Welpe, der will spielen, der darf das auch.

Er hat aber auch viel Respekt gehabt vor den älteren Kollegen. Wenn mal ein Ton kiekste oder etwas schief ging, hat er nie dumm geguckt. Wegen kleiner Malheurs war er nie tobsüchtig. Nie!

Kirsten Liese: Celis Respekt vor älteren Musikern erstaunt, wenn man bedenkt, dass er bei den Berliner Philharmonikern die Absicht gehabt haben soll, ältere Mitglieder zu entlassen, womit er sich bei ihnen die Sympathie verscherzte.

Martin Spangenberg: Ich kann mir vorstellen, dass Celibidache als Jungspund tiefgreifende Veränderungen wollte. Wenn jemand jung ist, erscheint ihm manchmal das Alte als etwas, was man überwinden muss, und wenn man den buddhistischen Erleuchtungszustand noch nicht erreicht hat und vielleicht gerade gar nicht erreichen will, möchte man es regelrecht wegsprengen. Ich finde, man sollte den Jungen das zubilligen, ein bisschen revolutionärer zu sein und zu versuchen, den Muff von tausend Jahren aus den Talaren herauszubürsten. Um aber sogleich wieder etwas langweiliger zu werden: Irgendwann muss man sich als verantwortlicher Künstler und Mensch fragen, ob man nicht Gefahr läuft, das Kind mit dem Bade auszuschütten.

Ich habe das Gefühl, dass Celi in dieser Frage wahrscheinlich viel zu unsensibel vorging, er wollte direkte Ergebnisse und hat die Autonomie des Orchesters wahrscheinlich nicht genug respektiert. Das hätte er tun müssen, das war meines Erachtens ein Fehler. Dass er sich dann in den Probespielen, die ich bei den Münchner Philharmonikern mit ihm erlebte, ganz anders verhielt, zeigt mir, dass er das sicher irgendwann für sich reflektiert hat.

Kirsten Liese: Gegenwärtig wird viel über den idealen Zukunftsdirigenten diskutiert. Da heißt es, der Magier oder Maestro als Synonym für einen autoritären, tyrannischen Charakter habe ausgedient. Erwünscht wird ein Kamerad, der mit den Musikern Primus inter pares musiziert. Unter den Dirigenten, die diesem Typus entsprechen, sehe ich allerdings wenige starke Persönlichkeiten, die für Überzeugungen streiten, kompromisslos Visionen verteidigen, den Mut aufbringen, sich anzulegen oder auch mal nein zu sagen, insbesondere unter den Jüngeren. Ich bin der Meinung, dass sie von dem unbeugsamen Geist Celibidaches nach wie vor einiges lernen können. Wie ist Ihr Standpunkt dazu?

Martin Spangenberg: Zunächst finde ich es schon gut, dass heute über eine Art von Missbrauch geredet wird, für den es früher gar kein Bewusstsein gab. Nicht jeder autoritäre Dirigent macht gute Musik, wirklich nicht. Das Entscheidende ist aber nicht der Umstand, ob ein Dirigent mehr oder weniger autoritär ist, sondern die Qualität und Authentizität seiner künstlerischen Arbeit.

Da gelangen wir an einen sehr spannenden Punkt beim Erreichen von künstlerischen Höchstleistungen: Zieht eine verletzende Bemerkung gleich unweigerlich ein Trauma nach sich oder kann sie vielleicht sogar vonnöten sein, damit Veränderung möglich wird? Meines Erachtens eine sehr wichtige Frage, die nicht einfach zu beantworten ist.

Musik ist nun mal eine psychische Interaktion von Menschen untereinander. Wenn das Werk gelingt, kommt es auf den tiefsten Ebenen zum Kontakt der Musiker mit sich selbst, mit den Mitmusikern, ja, sogar mit den oft schon toten Komponisten und Komponistinnen. Da kommt eine Verbindung auf der seelischen Ebene zustande, die uns dem transzendenten Hintergrund der Welt, dem Göttlichen näherbringen kann. Celi war das sehr wichtig, auch wenn er in den Proben selten darüber gesprochen hat.

Kirsten Liese: Welche Wiedergaben unter Celi sind Ihnen besonders in Erinnerung geblieben?

Martin Spangenberg: Da gab es vieles, ich greife mal den Anfang von Prokofjews Ballettsuite *Romeo und Julia* heraus, den fand ich grandios wie Celi da den Hass der Montagues und Capulets so eindringlich herausgearbeitet hat. Mit einem in absteigenden Sekunden sich aufbauenden Blechbläsercluster fängt es an, dann folgt ein wilder auffahrender Akkord, der sich auflöst und einen transzendenten, feinen aber unglaublich tiefen Streicherhintergrund zurücklässt, der die Phrase beendet. Celi hat den Blechbläseranfang mit einem sich auf Wasser ausbreitenden Ölfleck verglichen, da wurde sehr viel probiert, auch bei diesem leisen, transzendenten Streichernachklang. Manchmal saßen wir Bläser eine Viertelstunde herum, weil Celi einen einzigen Streichertakt immer neu probierte.

Celis Bruckner-Einspielungen finde ich ebenfalls bis heute maßstabsetzend und zeitlos. Wie es ihm zum Beispiel im letzten Satz der vierten Sinfonie gelingt, die Schlußsteigerung in der Coda über fast zwei Minuten in einem stetigen Anschwellen zu halten, ohne dass es im geringsten nach einer Absicht klingt, ist für mich unübertroffen. Natürlich hängt das damit zusammen, dass es ihm in der vorangegangenen Hornpassage zu Beginn der Coda gelang, in einem ewig langsamen Tempo eine einzige in sich ruhende Linie ebenfalls bruchlos über zwei Minuten auszubreiten. Wenn ich die Mitschnitte höre, frage ich mich manchmal: Haben wir wirklich so gut phrasiert? Das kann nicht sein, da stimmt ja alles. Da bin ich stolz, dass ich mit dabei war.

Zur Person:

Martin Spangenberg wurde 1965 in Wangen im Allgäu geboren. Er studierte bei Hans Deinzer an der Hochschule für Musik und Theater in Hannover und war Stipendiat der Studienstiftung des deutschen Volkes. Von 1988 bis 2003 war er Soloklarinettist der Münchner Philharmoniker sowie Mitglied des Bayreuther Festspielorchesters.

1997 wurde er als Professor an die Hochschule für Musik *Franz Liszt* Weimar berufen, seit 2013 lehrt er an der Hochschule für Musik *Hanns Eisler* in Berlin, wo er eine Klarinettenklasse leitet und für die Bläserkammermusik zuständig ist. Von 2015 bis 2019 wirkte er dort auch als erster Prorektor.

Als Solist mit den Münchner Philharmonikern spielte er außer dem Mozart-Konzert unter Celibidache das Klarinettenkonzert von Aaron Copland unter James Levine, zudem musizierte er solistisch mit zahlreichen anderen Orchestern, darunter das Deutsche Symphonie-Orchester Berlin, das Radio-Sinfonieorchester Stuttgart, die Polnische Kammerphilharmonie und das Ensemble M18, das er auch als Dirigent leitete. Darüber hinaus ist Spangenberg kammermusikalisch sehr aktiv.

Die späten Jahre
»Versöhnungskonzert« mit den Berliner Philharmonikern (1992)

Nach 38 Jahren kehrt Sergiu Celibidache noch einmal ans Pult der Berliner Philharmoniker zurück. Seit seinem letzten Konzert im November 1954, als das Orchester Herbert von Karajan zu seinem neuen Chefdirigenten wählte, lag die Verbindung zwischen dem Dirigenten und dem Orchester auf Eis. Nur noch selten war der Rumäne seither für Gastspiele mit anderen Orchestern in die deutsche Hauptstadt zurückgekehrt.

Die Initiative für diese späte Versöhnung geht von dem Bundespräsidenten Richard von Weizsäcker aus. Vereinbart werden zwei Benefizkonzerte zugunsten rumänischer Kinderheime. Da die Philharmonie zu diesem Zeitpunkt gerade saniert wird, zieht man für die beiden Konzerte am 31. März und 1. April in das Berliner Schauspielhaus.

Auf dem Programm steht ein einziges majestätisches Werk: Anton Bruckners siebte Sinfonie. Zu erleben ist eine der ausgedehntesten Aufführungen dieses Werks, die es je gegeben hat.

Zum Vergleich: Herbert von Karajan brauchte für die Sinfonie in E-Dur rund 65 Minuten, Eugen Jochum 69 und Lorin Maazel 74 Minuten. Celibidache dagegen fordert für seinen ebenso gewaltigen wie gemessenen Vortrag des Stückes etwas über anderthalb Stunden.

Sechs Proben hat der 79-Jährige verlangt und bekommen. »Ein Zeitaufwand, zu dem sich die Philharmoniker sonst nicht gern hinreißen lassen«, wie der Kritiker Klaus Geitel in seiner Rezension in der *Berliner Morgenpost* bilanziert, »und schon gar nicht bei einem ihnen angeblich längst in Fleisch und Blut sitzenden Stück.« Aber dass sich dieser Aufwand lohnt, wird ihnen wohl schnell bewusst. Jedenfalls bitten sie den Altmeister nach einer Probe zu einem Gespräch über Musik, zu dem sich vierzig Musiker einstellen. Der Dialog dauert anderthalb Stunden und mündet in dem Wunsch, Celibidache regelmäßig in jeder Spielzeit am philharmonischen Pult in Berlin wiederzusehen. Selbst eine Wallfahrt nach München erscheint als eine Option, wenn Celibidache dort mit ihnen arbeiten könnte. Die Harmonie zwischen dem Orchester und dem Maestro ist vollkommen, und sie überträgt sich auf das Konzert, schreibt Geitel: »Es wurde in Andachtshaltung gespielt. Es wurde in Andachtshaltung empfangen.«

Über das enthusiastisch aufgenommene Konzert selbst schreibt der Berliner Kritiker: »Auf seinem Dreifuß saß Celibidache da wie eine weise, weißhaarige, aufs Konzertpodium verschlagene männliche Pythia, hineinhorchend in die Abgründe der Musik und sie in klaren, ruhigen, deutlichen Zeichen beschreibend. Das Orchester folgte ihm mit Aufmerksamkeit, Hingabe, in aller erdenklichen Schönheit. Wie ein bloßer Verdacht auf Musik, im äußersten Pianissimo der sirrenden hohen Streicher, hob die Sinfonie an. Immer wieder wurden die kontrapunktischen Künste Bruckners mit Sorgfalt und Bedacht, geradezu wie auf des Messers Schneide, ausgestellt.«

Ähnlich emphatisch äußerte sich Wolfgang Sandner in der *Frankfurter Allgemeinen*: Wie Celibidache hat noch »kein Dirigent Bruckners Anweisungen zum ruhigen, sehr feierlichen und sehr langsamen Ausmusizieren dieser im Todesjahr Richard Wagners entstandenen, trotz der Tonart E-Dur von düsteren Klangmassierungen durchdrungenen Sinfonie ernstgenommen.« Und weiter schreibt Sandner: »Nur mit den auf seine himmlischen Längen eingeschworenen Münchener Philharmonikern oder eben mit einem Ausnahmeorchester wie den Berliner Philharmonikern sind solche musikalischen Zerreißproben möglich, die nicht in der Auflösung der kompositorischen Struktur enden, sondern in einer geradezu körperlich erfahrbaren musikalischen Spannung. Wagner hat das Prinzip der unendlichen Melodie geschaffen, Bruckner hat es in eine sinfonisch konsequente Architektur übertragen, aber erst Celibidache hat sozusagen den Blick auf die ganze Schönheit dieser Konstruktion eröffnet, bei der jeder Ton den anderen stützt und zugleich melodisch funkelt:

Lebendige Schönheit der Musik, die nicht auf ein Rechenexempel reduziert werden kann, bei dem zwei mal zwei genau vier ergibt. Und erst im Zeitlupentempo Celibidaches werden solche harmonischen Kraftakte wie die Trugschlusskadenz im Adagio zu nahezu schmerzlich fühlbaren musikalischen Höhepunkten.«

Auf einem Herzschlag

Interview mit Götz Teutsch

Der aus Rumänien stammende Musiker führt bei den beiden Konzerten am ersten Pult zusammen mit Ottomar Borwitzky die Cellogruppe an. Das Gespräch führten wir im Dezember 2021.

Kirsten Liese: Wie haben Sie damals Celibidache erlebt?

Götz Teutsch: Für jemanden, der Celibidache sehr viel gehört hat und wie ich aus Rumänien kommt, ist es nicht einfach, unvoreingenommen für diesen großen Mann seine kleine Meinung zu sagen. Er ist sicherlich einer der ganz, ganz großen Denker in der Musik gewesen, der zudem die Gabe einer zündenden Ausstrahlung hatte.

Ich habe gelesen, er hätte in jungen Jahren alte englische, viktorianische Musik studiert und sich intensiv damit beschäftigt. Ein solch tiefes Wissen über die Musik, gepaart mit einem enormen Instinkt, hat sich mir bei der Siebten Bruckner unüberhörbar vermittelt. Er macht Musik aus einer erotischen Freude am Schönen und das ist meiner Meinung nach das Faszinierende an ihm.

Hinzu kommt diese enorme Ausstrahlung, die jeder große Dirigent haben muss. Du hast als Dirigent einen Haufen Musiker vor dir, denen es am Buckel runter rutscht, wer vorne steht. Die haben die schweren Stellen geübt, haben sich aber sonst nicht groß vorbereitet und glauben zu wissen, wo es lang geht. Das ist ein Problem der Dirigenten, gerade der großen Dirigenten, die eine eigene Vision haben. Ihre Herausforderung liegt in der Kunst, diese Musiker ohne Gewalt auf ihre Linie zu bringen. Nur sehr wenigen gelingt das.

Ich habe vierzig Jahre bei den Berliner Philharmonikern schätzungsweise nur eine Handvoll solcher Persönlichkeiten getroffen. Viele andere waren durchaus sehr klug und konnten alles, nur fehlte ihnen diese eine Gabe, das Orchester allein durch einen Blick oder durch eine Geste zu verzaubern. Das hast du oder das hast du nicht. All das besaß Celibidache in vollendeter Form.

Dieses unvergessliche Konzert jedenfalls unter Celibidache war für mich eines der ausgewählten wenigen, bei denen ich mir gesagt habe: Lieber Gott lass mich jetzt sterben! Ich bin jetzt so glücklich wie ich es nie war. Ich möchte jetzt tot umfallen. Glücklicher kann ich nicht sein. Und ich habe mir die Aufnahme ein paar Mal angehört, die ist schon gewaltig!

Kirsten Liese: Das sind große Worte, zumal es sich hier um ein Stück handelt, das dieses Orchester vielfach unter zahlreichen namhaften Dirigenten gespielt hat …
Götz Teutsch: Die Siebte Bruckner ist für uns Alltag. Normalerweise spielst du die ohne Proben. Celibidache hat sie Takt für Takt durchprobiert mit uns, gleich schon den Beginn. Wie er bis ins Kleinste die Aufgänge in den Celli mit uns probiert hat, dass da keine Brüche hineinkommen, das war so toll! Und wie er das mit einer ganz sparsamen Gestik vermittelte!

Kirsten Liese: Es war ein schwieriges Unterfangen, die beiden Konzerte auf die Beine zu stellen. Dazu brauchte es die Anstrengungen des damaligen Bundespräsidenten Richard von Weizsäcker. Celibidache kehrte aber ohne Groll und im Frieden zu den Berliner Philharmonikern zurück. Wie war die Stimmung bei der ersten Probe?
Götz Teutsch: Er hat uns begrüßt und insbesondere den Bassisten Rainer Zepperitz, den wohl einzigen, der nach Kriegsende noch unter ihm gespielt hat.

Es tut mir persönlich nur leid, dass ich nicht zu Celibidache gegangen bin und ein bisschen Rumänisch mit ihm gesprochen habe, wo ich doch in Rumänien aufgewachsen bin und die Sprache fließend spreche wie übrigens auch Ungarisch. Aber eine ähnliche Situation gab es einmal mit dem Ungarn Georg Solti. Er wollte mit mir nicht Ungarisch sprechen. In Erinnerung daran dachte ich, ich will mich besser nicht in die Nesseln setzen. Und ein bisschen angespannt war man ja schon.

Kirsten Liese: Warum?

Götz Teutsch: Naja, man wusste, da kommt so einer, mit dem das Orchester seinerzeit Probleme hatte, der großartige Konzerte dirigiert hat, gnadenlos ist, und der eine ganz genaue Vorstellung davon hat, wie es klingen soll. Eine solche hatten nicht viele Dirigenten in meiner Zeit. Die Angespanntheit hatte auch mit Neugierde zu tun: Da kam der große alte Mann, der dem Orchester unendliche Triumphe und Erfolge gebracht hat, der aus der Furtwängler-Ära kam. Aber gezittert hatten wir nicht.

Kirsten Liese: Sind Sie eigentlich als Rumäne unweigerlich mit Celibidache groß geworden?

Götz Teutsch: Ich bin ein Deutscher aus Rumänien, kein Rumäne in dem Sinne. In Siebenbürgen, wo ich aufgewachsen bin, gab es eine Million Deutsche. Siebenbürgen-Sachsen nannten wir uns. Wir haben in erster Linie in Siebenbürgen gelebt, nördlich von den Karpaten, und hatten eine ganz starke eigene Kultur. Wir haben deutsche Schulen und Kirchen, und mein altes Gymnasium feiert demnächst sein 500-jähriges Jubiläum. In Siebenbürgen gab es also eine ganz starke deutsche Minorität, wir sind mit und neben den Rumänen aufgewachsen. Die Hauptsprache in der Schule war Deutsch, die erste Fremdsprache Rumänisch. Zum Studieren bin ich dann nach Bukarest gekommen, das ist eine rein rumänische Stadt.

Kirsten Liese: Das »Versöhnungs-Konzert« wurde auf Video aufgezeichnet. Da kann man sehen, wie sich die Musik in Celibidaches Mimik widerspiegelt, vielfach lässt sich ein Entzücken aus seinem Gesicht lesen. Wie färbt das auf das Orchester ab?

Götz Teutsch: Ein guter Orchestermusiker hat tausend Antennen, instinktiv nimmt er alles Nonvisuelle, Nonverbale auf. Das erscheint mir wichtiger als die Mimik.

Wenn ich am Cello sitze – egal, ob vorne oder hinten – habe ich eine lange Gruppe um mich, das sind zehn bis zwölf

Cellisten. Die müssen spielen wie einer. Die verständigen sich nicht durch tausend Gesten und tausend Gesichtsausdrücke, sondern durch eine Ausstrahlung, die einfach da sein muss, sonst geht es nicht. Natürlich ist der Schlag von Dirigenten wichtig, aber noch wichtiger ist es, ein Gespür dafür zu entwickeln, mit dem da vorne zusammenzuspielen. Das Traumhafte am Orchesterspiel für mich ist dieses Instinktive. Wenn ich mit Ottomar Borwitzky am ersten Pult saß, ahnte ich jede Regung von ihm Bruchteile von Sekunden vorher. Und ihm ging es mit mir genauso. Das war das Großartige. Das ist für mich vom Orchesterspiel das, was unwiederbringlich und anderweitig nicht erlebt werden kann, am wenigsten bei einem Solo, da hast du nur Angst. Ich glaube nicht, dass sich das Ekstatische auf das Orchester auswirkt, wenn – wie oftmals bei Jüngeren zu beobachten – Dirigenten ihr Gesicht verzerren.

Kirsten Liese: Sie sprachen vom Beginn der Sinfonie, dem Aufgang der Celli, den Celibidache so genau geprobt hat. Was war ihm da wichtig?
Götz Teutsch: Er hat uns zunächst alles spielen lassen und dann gesagt, das gefalle ihm so nicht. Er hat uns dann vorgesungen und gezeigt, wie er es möchte.

Das Orchester hatte sich während seiner Abwesenheit ja nicht in seine Richtung entwickelt. Er verlangte ein sogenanntes deutsches Vibrato, und ein sogenanntes deutsches Tremolo. Davon hatten wir Jungen bis dahin nie gehört.

Das ist natürlich unglaublich, das Orchester klingt sofort anders. Die Siebte geht ja gleich mit einem Tremolo los, dann kommt das Cello aus dem Nichts und es formiert sich das erste Thema. Was ist ein deutsches Tremolo? Der eine macht es ein bisschen schneller, der andere ein bisschen langsamer, jeder also ein bisschen anders, es sollte also unterschiedlich sein, ein Amalgam von verschiedenen Tremoli. Dann entsteht ein Zauber, der sich von dem schnellen amerikanischen Kribbeltremolo stark unterscheidet. Dann entsteht ein Flimmern. Für das Vibrato gilt das ebenso: Deutsches Vibrato bedeutet, jeder Spieler macht es ein bisschen anders. Wir haben so gesehen vieles gelernt bei ihm. Celi wollte also diese Diversität haben. Dabei kann jeder durchaus seine Persönlichkeit einbringen, aber nie präpotent. Wenn du in einem Streicherensemble zu hören bist, bist du falsch. Das ist das Problem der Streicher. Du musst intensiv mitspielen, darfst aber nicht gehört werden.

Kirsten Liese: Gab es nach den Proben noch Gespräche im Künstlerzimmer?
Götz Teutsch: Nach der Probe hat Celibidache seine Interpretations-Philosophie vor uns ausgebreitet. Einige Interessierte sind geblieben, da hat er darüber gesprochen. Ich konnte damit nicht sehr viel anfangen.

Kirsten Liese: Celibidache wurde immer kritisiert für die langsamen, breiten Tempi, vor allem bei Bruckner. Bedeutete das eine Umstellung für die Berliner Philharmoniker?
Götz Teutsch: Ich fand die Tempi absolut in sich stimmig. Er wusste haargenau, wie die Konstruktion des Werkes ist. Manchmal hatte ich den Eindruck bei einigen Dirigenten, dass sie die Komplexität des Werkes gar nicht dirigieren. Und dann gab es einen wie Günter Wand, der bis ins Kleinste alles wusste und alles erarbeitet hat, der war noch radikaler als Celibidache, aber auch trockener.

Kirsten Liese: Sagen Sie doch bitte in wenigen Sätzen, warum Sie nach diesem Konzert gerne gestorben wären.
Götz Teutsch: Ich war so glücklich, dass ich das Konzert spielen durfte, ich als kleines Individuum in diesem Kosmos, dass ich gesagt habe, ich kann eigentlich auf dieser Welt nicht mehr so glücklich sein. Es ist das, was du hast, wenn du mit einer Hundertschaft auf einem Herzschlag bist. Wenn du nicht alleine bist, wenn du in diesem Wahnsinns-Apparat drinnen bist und das Gefühl hast, du bist einmal menschlich geworden. Du machst

etwas, was dir so sehr am Herzen liegt, und du machst es irgendwie vollendet. Also besser geht es nicht.

Kirsten Liese: Was hat Celibidache zu diesem Erleben beigetragen?

Götz Teutsch: Er hatte diese Gabe, ein Ensemble, wie wir es damals waren, auf einen Herzschlag zu bringen, hundert Individuen auf den gleichen Level. Dazu gehört freilich Autorität. Das geht nicht mit Auf-die-Schulter-Klopfen. Man erzählt sich, wie grob er manches Mal war, wie er Musiker fertig gemacht hat. Das war bei uns überhaupt nicht der Fall, das hätte mit uns wohl auch nicht funktioniert. Kompromisslos aber war er.

Ich glaube, je besser das Orchester war, das er dirigiert hat, desto mehr hat er verlangt.

Zur Person:

Götz Teutsch wurde 1941 in Hermannstadt, Rumänien geboren. Er studierte bei Dimitrie Gheorge Dinicu und Radu Aldulescu in Bukarest, später ergänzte er seine Studien bei Enrico Mainardi und Karl Richter.

Von 1970 bis 2006 wirkte er im Berliner Philharmonischen Orchester, von 1976 an als Solocellist. Seine Konzerttätigkeit umfasst solistische Aufgaben und die Kammermusik, er zählt zu den Gründungsmitgliedern der *12 Cellisten*.

Außerdem hat sich Teutsch mit der historisch informierten Aufführungspraxis der Alten Musik beschäftigt und Viola da gamba studiert.

Seit dem Jahr 2000 gestaltet er im Berliner Kammermusiksaal eine Konzertreihe unter dem Titel »Philharmonischer Salon«, die Kammermusik und Literatur verbindet.

Kirsten Liese

... wurde 1964 in Berlin geboren. 1983 bis 1989 studierte sie Schulmusik und Germanistik in Berlin. Von 1988 bis 1991 war sie Dozentin für Violoncello, Klavier und Blockflöte an der Musikschule Berlin-Reinickendorf. Es folgten ein Volontariat bei einer regionalen Tageszeitung und zahlreiche Hospitanzen beim Rundfunk. Seit 1994 ist sie freie Journalistin und Autorin mit den Schwerpunkten Oper, Konzert und Kino für zahlreiche Kulturredaktionen der ARD sowie Print- und Online-Medien. Im Rundfunk erschienen von Kirsten Liese zahlreiche Beiträge, Features und Live-Gespräche über Premieren und aktuelle Filme im Kino.

Sie schreibt Rezensionen, Porträts, Interviews, Berichte und Kommentare für unzählige namhafte Zeitungen. Im Jahr 2005 war sie Kuratorin einer Foto-Ausstellung über Elisabeth Schwarzkopf in der Villa Schindler (Telfs/Vorarlberg) mit Werken der Fotografin Lillian Fayer.

Ein Bildband über die Sängerin Elisabeth Schwarzkopf erschien 2007 im Wiener Molden *Verlag*, das Buch *Wagnerheldinnen* mit vierzehn Kurzporträts zu Opernsängerinnen erschien 2013 bei edition karo – Literaturverlag Josefine Rosalski.

Sergiu Celibidache

... wurde 1912 in Rumänien geboren. Unter den großen Dirigenten der zweiten Hälfte des zwanzigsten Jahrhunderts ist er eine einzigartige Gestalt. Kompromisslos in der Suche nach Bedingungen, unter denen Musik entstehen kann, radikal in seinen Ansichten über Tonkonserven und unnachgiebig in seinen Ansprüchen an jedes einzelne Orchestermitglied, verweigerte er sich den Erwartungen an einen »Stardirigenten«. Sein steiler Aufstieg begann 1945 nach Kriegsende als Furtwänglers »Statthalter« am Pult der Berliner Philharmoniker. Die Zusammenarbeit endete jedoch in einem Zerwürfnis. Nach Furtwänglers Tod wählte das Orchester Herbert von Karajan zum Chefdirigenten. Schwer enttäuscht zog sich Celibidache überwiegend ins Ausland zurück und ging auf Wanderschaft. Er leitete zahlreiche Rundfunkorchester in Dänemark, Schweden, Italien und Frankreich. Von 1972 bis 1977 übernahm er die Leitung des Radiosinfonieorchesters Stuttgart, 1979 wechselte er als Chefdirigent zu den *Münchner Philharmonikern,* die er zu einem Weltklasse-Orchester formte und bis zu seinem Tod 1996 leitete.

Bildnachweise

Titelseite Buchumschlag: Klaus Rudolph. Das Foto entstand im Juni 1993 in der Kölner Philharmonie
S. 11 Rudolf Kessler (Archiv Berliner Philharmoniker), ca. 1950.
S. 57 SWR, histor. Archiv Hugo Jehle.
S. 79 Klaus Rudolph
S. 85 Werner Neumeister (Renate Neder).

Der Verlag dankt den Rechteinhabern herzlich für die Bereitstellung der Bilder.

Dank

Er gilt allen voran meiner Verlegerin Josefine Rosalski, die sich von Anfang an für dieses Dirigentenporträt begeistert und es ermöglicht hat.

Sämtliche Texte und Interviews sind in enger Zusammenarbeit und Abstimmung mit den Musikerinnen und Musikern entstanden, denen ich für ihre engagierte Mitarbeit und die viele Geduld danke, mit der Sie mich beim Entstehen der Texte begleitet haben: Ahmet Baydur, Ilona Cudek, Eberhard Finke, Erich Hartmann, Michael Martin Kofler, Sven-Åke Landström, Han-An Liu, Martin Spangenberg, Patrick Strub, Arve Tellefsen, Götz Teutsch und Ingolf Turban.

Für wertvolle Anregungen, Unterstützung und Bereitstellung von Materialien danke ich außerdem Verena Alves, Tobias Fasora, Renate Liese, Andreas Röhn, Jacqueline Schwarz, Christian Tauber, Anca Unertl und Ilona Ziok.

Ein Stipendium der **Verwertungsgesellschaft Wort** in Kooperation mit dem Projekt **Neustart Kultur der Bundesregierung** legte die finanzielle Grundlage für das Entstehen dieses Buches.

Von Kirsten Liese
ebenfalls in unserem Verlag erschienen:

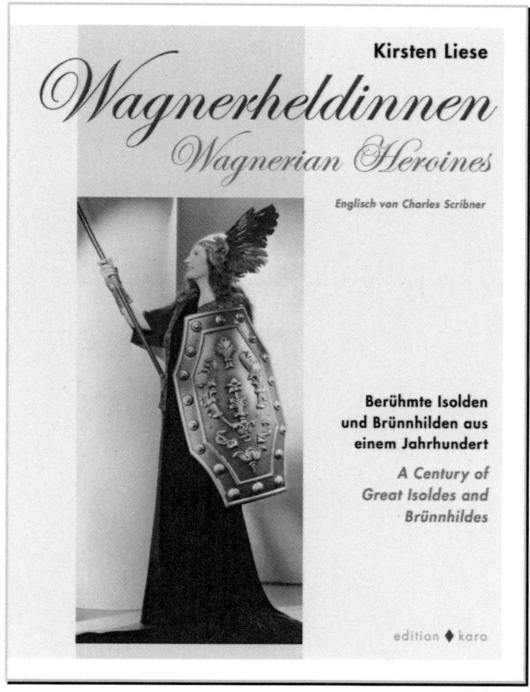

Kirsten Liese
Wagnerheldinnen
Berühmte Isolden und Brünnhilden
Deutsch/Englisch
Englisch von Charles Scribner

Klappenbroschur 17 x 22 cm
146 Seiten, mit 30 s/w-Fotos, einige aus Privatbesitz und bisher unveröffentlicht
ISBN 978-3-945961-23-0, EUR 22,00
Lieferbar

www.edition-karo.de

IMPRESSUM

Bibliografische Information der Deutschen Nationalbibliothek:
Die Deutsche Nationalbibliothek verzeichnet diese Publikation in der Deutschen Nationalbibliografie; detaillierte bibliografische Daten sind im Internet über www.dnb.d-nb.de abrufbar.
Kirsten Liese, CELIBIDACHE. Der Maestro im Spiegel von Zeitzeugen
edition karo, Berlin 2022

1. Auflage 2022

www.edition-karo.de
Druck und Verarbeitung: Bookpress.eu
ISBN 978-3-945961-28-5

Ein Stipendium der Verwertungsgesellschaft Wort in Kooperation mit dem Projekt Neustart Kultur der Bundesregierung legte die finanzielle Grundlage für das Entstehen dieses Buches.

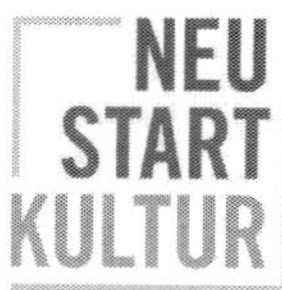

VG WORT

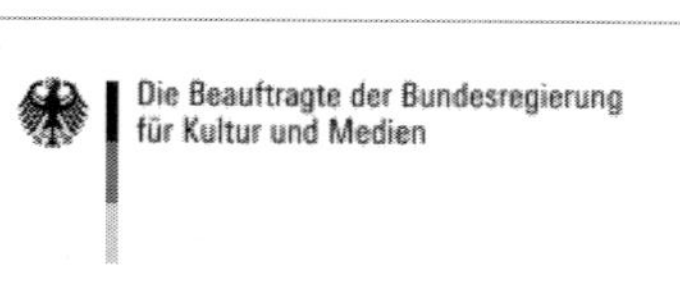